"新基建"知识问答
——数字经济基础知识

A Question and Answer Guide to New Infrastructure:
Basic Knowledge of the Digital Economy

石玉峰　主编

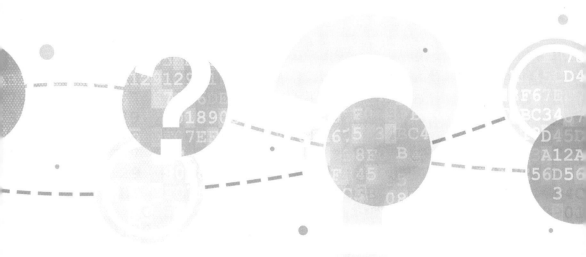

中国财经出版传媒集团

经济科学出版社
Economic Science Press

图书在版编目（CIP）数据

"新基建"知识问答：数字经济基础知识/石玉峰
主编. —北京：经济科学出版社，2021.3
ISBN 978 - 7 - 5218 - 2426 - 1

Ⅰ.①新…　Ⅱ.①石…　Ⅲ.①信息经济 - 问题解答
Ⅳ.①F49 - 44

中国版本图书馆 CIP 数据核字（2021）第 041592 号

责任编辑：于海汛　陈　晨
责任校对：靳玉环
责任印制：范　艳　张佳裕

"新基建"知识问答
——数字经济基础知识
石玉峰　主编
经济科学出版社出版、发行　新华书店经销
社址：北京市海淀区阜成路甲 28 号　邮编：100142
总编部电话：010 - 88191217　发行部电话：010 - 88191522
网址：www.esp.com.cn
电子邮箱：esp@esp.com.cn
天猫网店：经济科学出版社旗舰店
网址：http://jjkxcbs.tmall.com
北京季蜂印刷有限公司印装
710×1000　16 开　11 印张　200000 字
2021 年 3 月第 1 版　2021 年 3 月第 1 次印刷
ISBN 978 - 7 - 5218 - 2426 - 1　定价：45.00 元
（图书出现印装问题，本社负责调换。电话：010 - 88191510）
（版权所有　侵权必究　打击盗版　举报热线：010 - 88191661
QQ：2242791300　营销中心电话：010 - 88191537
电子邮箱：dbts@esp.com.cn）

PREFACE | 前言

世界经济已经进入数字经济时代，这是第四次产业革命的主要特征。前三次产业革命我国都处在落后、追随、学习的位置。2017年，我国政府把数字经济写入《政府工作报告》，使我国能在第一时间抓住第四次产业革命的契机，站在全球数字经济的前列，在世界面临百年未有之大变局之际，加快实现中华民族伟大复兴。

党中央、国务院高度重视大数据在经济社会发展中的作用。党的十八届五中全会提出"实施国家大数据战略"。2017年12月8日中共中央政治局就实施国家大数据战略进行第二次集体学习，中共中央总书记习近平在主持学习时强调，我们应该审时度势、精心谋划、超前布局、力争主动，实施国家大数据战略，加快建设数字中国。国务院印发了《促进大数据发展行动纲要》，工业和信息化部印发了《大数据产业发展规划（2016－2020年）》。

大数据已经成为整合全产业链资源，完成新旧动能转换，实现经济高质量发展的主要途径。大数据中心被列为新型基础设施之一。

2020年3月4日，中共中央政治局常务委员会召开会议，强调"要加大公共卫生服务、应急物资保障领域投入，加快5G网络、数据中心等新型基础设施建设进度"。

《中共中央 国务院关于构建更加完善的要素市场化配置体制机制的意见》中明确提出要"加快培育数据要素市场""引导培育大数据交易市场"。各省市纷纷出台"数字经济""数字强省"的方针政策。"数字中国""数字强省"已经成为我国、各省市的战略决策，深刻理解"数字中国""数字强省"战略所带来的商业逻辑、商业模式变化，以及存在的机遇与挑战是非常重要的。

　　党的十九届五中全会把坚定不移建设"数字中国""加快数字化发展""统筹推进基础设施建设"写入会议公报。《中共中央关于制定国民经济和社会发展第十四个五年规划和二〇三五年远景目标的建议》更是在以上内容的基础上，明确提出："发展数字经济，推进数字产业化和产业数字化，推动数字经济和实体经济深度融合，打造具有国际竞争力的数字产业集群"和"系统布局新型基础设施，加快第五代移动通信、工业互联网、大数据中心等建设"。

　　数字经济将加快推动产业链上下游一体化进程，不同产业链间的交叉融合，促使新技术、新产业、新业态、新模式的诞生和发展，同时也将加快传统产业的转化升级。

　　数字经济的发展使数据成为新的生产要素，并将发挥越来越重要的作用。数据将成为各国保护和争夺的新的资源，国际数据治理方案主导权将成大国博弈的新战场。

　　同时，以"大数据""人工智能"为代表的"数字经济""新基建"对于绝大多数人来讲还比较陌生，"数字经济"的一些基本概念和知识也只是停留在听说过的程度，具体的内涵和意义并不清晰。一些党、政和企事业单位的工作人员，更是迫切需要了解"数字经济"的一些基本概念和知识。当然，还有更多的人虽然不直接从事"大数据"的专业工作，但随着数字经济时代的来临，也需要具有"大数据思维"，也应了解"大数据"的相关知识，以更好地把握住时代机遇。

　　本书编写的主要目的就是为以上人员提供一本"数字经济"和"新基建"方面的入门级科普工具书，通过本书的阅读，能够对"数字经济"和"新基建"的基本概念和知识有一个比较全面的了解，为下一步更深入的学习应用打下基础。

　　本书是山东省科学技术协会科普图书出版资助项目，为"山东省科普系列丛书"之一，该丛书由山东省大数据研究会具体组织编写。在本书的编写和出版过程中也得到了山东大学金融研究院及国家重点研发项目（2018YFA0703900）的大力支持和帮助。由于水平所限，错误在所难免，敬请读者给予批评指正。

编者

2021 年 2 月 28 日

CONTENTS | 目录

第 2 章　数字政府 37

第 3 章　数字经济 47

第 1 章

概　　论

1. 大数据是什么？

大数据（big data，BD）是指那些已经超出了传统意义上的规模，一般的数据库软件工具难以捕捉、存储、管理和分析的数据集合。通常认为大数据具有 5V 的特点：大量性（volume）、高速性（velocity）、多样性（variety）、低价值密度（value）、真实性（veracity）。

2011 年麦肯锡全球研究所给出大数据的定义是：一种规模大到在获取、存储、管理、分析方面大大超出了传统数据库软件工具能力范围的数据集合，具有海量的数据规模、快速的数据流转、多样的数据类型和价值密度低的特征。

2012 年维克托·迈尔—舍恩伯格（Viktor Mayer – Schönberger）和肯尼斯·库克耶（Kenneth Cukier）编写的《大数据时代》[1] 指出，大数据或称巨量资料，指的是所涉及的资料量规模巨大到无法通过目前主流软件工具，在合理时间内达到撷取、管理、处理、整理成为帮助企业经营决策更积极目的的资讯。

高德纳咨询公司（Gartner）给出了这样的定义：大数据是需要新处理模式才能具有更强的决策力、洞察发现力和流程优化能力来适应海量、高增长率和多样化的信息资产。

全球著名的管理咨询公司麦肯锡（McKinsey）则将数据规模超出传统数据库管理软件的获取、存储、管理以及分析能力的数据集称为大数据。

大数据的形成主要分为四个阶段：

萌芽阶段：20 世纪 90 年代到 21 世纪，数据库技术成熟，数据挖掘理论成熟，也称数据挖掘阶段。

突破阶段：2003～2006年，非结构化的数据大量出现，传统的数据库处理难以应对，也称非结构化数据阶段。

成熟阶段：2006～2009年，谷歌（Google）公开发表两篇论文《谷歌文件系统》和《基于集群的简单数据处理：MapReduce》，其核心技术包括分布式文件系统GFS、分布式计算系统框架（MapReduce）、分布式锁（Chubby）及分布式数据库（BigTable），这期间大数据研究的焦点是性能、云计算、大规模的数据集并行运算算法以及开源分布式架构（Hadoop）。

应用阶段：2009年至今，大数据基础技术成熟之后，学术界及企业纷纷开始转向应用研究，2013年起大数据技术开始向各个领域渗透。

根据《大数据白皮书（2019）》[2]，目前大数据正逐步向我国工业、政务、电信、交通、金融、医疗、教育等领域渗透。

（1）金融行业方面。随着金融监管日趋严格，通过金融大数据规范行业秩序并降低金融风险逐渐成为金融大数据的主流应用场景。同时，由于金融机构信息化建设基础好、数据治理起步早，使得金融业成为数据治理发展较为成熟的行业。

（2）互联网营销方面。随着社交网络用户数量的不断扩张，利用社交大数据来做产品口碑分析、用户意见收集分析、品牌营销、市场推广等"数字营销"应用，将会是未来大数据应用的重点。

（3）医疗健康方面。医疗大数据成为2019年大数据应用的热点方向，电子病历、个性化诊疗、医疗知识图谱、临床决策支持系统、药品器械研发等正在成为行业热点。

（4）工业方面。各个工业企业已经开始面向数据全生命周期的数据资产管理，逐步提升工业大数据成熟度，深入工业大数据价值挖掘。

（5）能源行业方面。2019年5月，国家电网大数据中心正式成立，该中心旨在打通数据壁垒、激活数据价值、发展数字经济，实现数据资产的统一运营，推进数据资源的高效使用。

我国大数据发展也同样面临着诸多问题。例如，大数据原创性的技术和产品尚不足；数据开放共享水平依然较低，跨部门、跨行业的数据流通仍不顺畅，有价值的公共信息资源和商业数据没有充分流动起来；数据安全管理仍然薄弱，个人信息保护面临新威胁与新风险。这就需要大数据从业者们在大数据理论研究、技术研发、行业应用、安全保护等方面付出更多的努力[2]。

《大数据白皮书（2019）》[2]指出，大数据与5G、人工智能、区块链等新一代信息技术的融合发展日益紧密。特别是区块链技术，一方面区块链可以在一定程度上解决数据确权难、数据孤岛严重、数据垄断等"先天病";另一方面隐私计算技术等大数据技术也反过来促进了区块链技术的完善。在新一代信息技术的共同作用下,我国的数字经济正向着互信、共享、均衡的方向发展,数据的"生产关系"正在进一步重塑。

2. 数据、信息及知识的差别是什么?

数据是指对客观事件进行记录并可以鉴别的符号,是对客观事物的性质、状态以及相互关系等进行记载的物理符号或这些物理符号的组合。它是可识别的、抽象的符号。它不仅指狭义上的数字,还可以是具有一定意义的文字、字母、数字符号的组合、图形、图像、视频、音频等,也是客观事物的属性、数量、位置及其相互关系的抽象表示。例如:"0、1、2…""阴、雨、下降、气温""学生的档案记录、货物的运输情况"等都是数据。[3]

信息是为了满足用户决策的需要而经过加工处理的数据。[4]

知识是符合文明方向的,人类对物质世界以及精神世界探索的结果总和。虽然知识至今也没有一个统一而明确的界定。但知识的价值判断标准在于实用性,以能否让人类创造新物质,得到力量和权力等为考量。有一个经典的定义来自柏拉图:一条陈述能称得上是知识必须满足三个条件,它一定是被验证过的,正确的,而且是被人们相信的,这也是科学与非科学的区分标准。知识也是人类在实践中认识客观世界(包括人类自身)的成果,它包括事实、信息的描述或在教育和实践中获得的技能。知识是人类从各个途径中获得的经过提升总结与凝练的系统的认识。知识转换路径如图1-1所示。

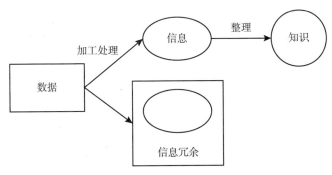

图1-1　知识转换路径

资料来源:笔者整理所得。

数据本身并不具备价值，只能承载信息，信息经过整理才能成为知识。[5] 如果将信息比作物质，那么数据就比作物（质）体，知识就比作生产工具；如果将信息比作能量，那么数据就比作能源，知识就比作电能。[6]

3. 数据的度量（单位/换算）是什么？

bit 一词由 binary（二进制的）和 digit（数字）2 个词合并而成，所以 bit 即"二进制数字"。"比特"是英文 bit 的汉语音译。二进制数字用于纯二进制记数的数字 0 或 1，"比特"也可以称为"位"。计算机处理的对象是各种数据，这些数据均采用二进制。"比特"是计算机处理、存储、传输信息的最小单位；"字节"是计算机中存储数据的基本单位，计算机存储容量的大小是以字节的多少来衡量的，8 比特构成一个字节。计算机的内存和字长都是以字节为单位组织的。[7]数据的度量单位及换算如表 1 – 1 所示。

表 1 – 1　　　　　　　　　　　数据的度量单位及换算

简写	英文	中文	单位转换关系	
1B	byte	字节	8 bit	
1KB	kilobyte	千字节	1024 B	2^{10} B
1MB	megabyte	兆字节，简称"兆"	1024 KB	2^{20} B
1GB	gigabyte	吉字节，又称"千兆"	1024 MB	2^{30} B
1TB	terabyte	万亿字节，太字节	1024 GB	2^{40} B
1PB	petabyte	千万亿字节，拍字节	1024 TB	2^{50} B
1EB	exabyte	百亿亿字节，艾字节	1024 PB	2^{60} B
1ZB	zettabyte	十万亿亿字节，泽字节	1024 EB	2^{70} B
1YB	yottabyte	一亿亿亿字节，尧字节	1024 ZB	2^{80} B
1BB	brontobyte	一千亿亿亿字节，珀字节	1024 YB	2^{90} B
1NB	nonabyte	一百万亿亿亿字节，诺字节	1024 BB	2^{100} B
1DB	doggabyte	十亿亿亿亿字节，刀字节	1024 NB	2^{110} B
1CB	corydonbyte	万亿亿亿亿字节，馈字节	1024 DB	2^{120} B

资料来源：笔者整理所得。

4. 大数据中的 A、B、C、D、E、F、G、H、I 分别指的是什么？

（1）表示单一含义的字母（见表 1 - 2）。

表 1 - 2　　　　　　　　　　　　单一含义的字母

字母	意义	英文
A	人工智能	artificial intelligence，AI
B	区块链	block chain
C	云计算	cloud computing
D	大数据	big data
G	5G 技术	5th generation mobile networks
I	物联网	internet of things，IOT

资料来源：笔者整理所得。

（2）在不同的领域表示不同含义的字母（见表 1 - 3）。

表 1 - 3　　　　　　　　　　不同领域表示不同含义的字母

字母	意义	英文
E	生态化、绿色化	ecological
	边缘计算	edge computing
F	金融科技	financial technology，fintech
	人脸识别	face recognition
H	海杜普	Hadoop *
	智慧家庭	smart home

注：* 参见 Viktor Mayer - Schönberger，Kennech Cukier. Big Data：A Revolution That Will Transform How We Live，Work and Think［M］. Hodder，2013 - 02.
资料来源：笔者整理所得。

5. 云计算是什么？

美国国家标准与技术研究院（NIST）给出了云计算（cloud computing）的

定义：云计算是一种按使用量付费的模式，这种模式提供可用的、便捷的、按需的网络访问，进入可配置的计算资源共享池（资源包括网络、服务器、存储、应用软件、服务），这些资源能够被快速提供，使管理资源的工作量和与服务提供商的交互减小到最低限度。

云计算是分布式计算的一种，指的是通过网络"云"将巨大的数据计算处理程序分解成无数个小程序，然后，通过多部服务器组成的系统进行处理和分析这些小程序得到结果并返回给用户。现阶段所说的云计算已经不单单是一种分布式计算，而是分布式计算、效用计算、负载均衡、并行计算、网络存储、热备份冗杂和虚拟化等计算机技术共同演进并跃升的结果。[8]

与传统的网络应用模式相比，云计算具有如下优势与特点：虚拟化技术、动态可扩展、按需部署、灵活性高、可靠性高、性价比高、可扩展性。[9]它的服务类型分为三类，即基础设施即服务（IaaS）、平台即服务（PaaS）和软件即服务（SaaS）。

2006 年 8 月 9 日，Google 首席执行官埃里克·施密特（Eric Schmidt）在搜索引擎大会（SES San Jose 2006）首次提出云计算的概念。自 2007 年以来，云计算成为计算机领域最令人关注的话题之一，同样也是大型企业、互联网建设着力研究的重要方向。在 2008 年，微软发布其公共云计算平台（Windows Azure Platform），由此拉开了微软的云计算大幕。2009 年 1 月，阿里软件在江苏南京建立首个"电子商务云计算中心"，同年 11 月，中国移动云计算平台"大云"计划启动。[8]

中国信息通信研究院发布的《云计算发展白皮书（2019）》[10]显示我国云计算的行业应用情况如下：

（1）政务云：为"数字城市"转型提供关键基础设施保障。在政务云基础设施之上，结合大数据、物联网、人工智能等技术，为实现城市经济运行、城市综合管理、城市综合服务的精准数字化提供保障。

（2）金融云：传统金融企业与云计算厂商共同发力金融云市场。金融云四个细分领域（银行、证券、互联网金融、保险）在监管要求和业务需求上有显著区别。

（3）交通云：交通行业各领域上云计算全面开花。以轨道交通为例，利用云计算的 IaaS、PaaS、SaaS 技术，以及可靠的数据交换和安全保障，为用户提供了全方位的网络和数据安全，提高了资源利用率，实现了应用系统的快速扩容。

（4）能源云：能源领域信息系统较复杂，云计算的开展进度较慢。传统能源企业具有管理成本高、数据互通难、信息系统独立运行，运维效率低等方面的问题。而云计算技术虚拟化、资源共享、弹性伸缩易扩展等特点能够很好地解决上述问题。

（5）电信云：助力通信运营商网络升级转型。云计算、虚拟化、软件定义网络/网络功能虚拟化（SDN/NFV）等技术可以实现电信业务云化和网络功能灵活调度，以达到网络资源最大化运用。

《云计算发展白皮书（2019）》[10]中提出了云计算的发展建议：一是持续创造良好的云计算发展环境；二是着力发展云原生技术能力及应用实践；三是稳步构建开源风险管理和治理体系；四是不断加强云计算产业链上下游合作；五是持续增强传统行业供需双方信任度。

6. 大数据与云计算是什么关系？

（1）大数据与云计算二者的区别。

大数据与云计算的区别大体可概括为如下几点：

①二者的实施目的不同，前者主要是挖掘相应的数据与信息，以便于能够有效地激发数据相应的价值。而后者则是基于互联网，扩展其的功能，以达到为企业减小在存储以及成本方面的需求；

②二者的处理对象存在差异，前者主要就数据进行处理，而后者的处理对象包括信息技术（IT）资源、处理能力以及应用等方面；

③二者推动力量表现出来了明显的差异，首先前者在实际的应用阶段，需要借助于数据存储以及处理软件来完成，大部分情况下需要企业的有效配合。而后者则需要依托于 IT 设备厂商以及资源存储企业来实现其相应的功能；

④二者所产生的价值有着一定的差异，前者能够挖掘多种类别数据中的价值，从而为用户提供更加便捷且高效的服务。而后者为尽可能地降低 IT 部署过程中的成本投入，对于企业发展而言有着重要的影响。

（2）大数据与云计算二者的联系。

其实，大数据与云计算二者间的联系也是十分突出的（见图 1-2），主要体现在以下两点：

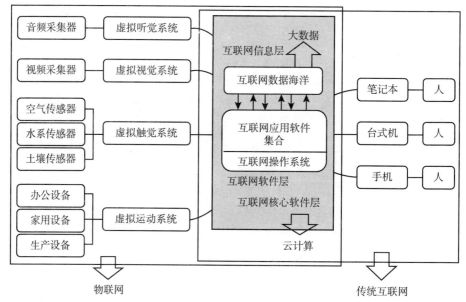

图1－2 大数据与云计算二者间的联系

资料来源：笔者根据大数据与云计算的关系及其对通信行业的影响相关内容整理所得。

①二者均是以数据的存储及处理作为主要的工作内容，要就大量地存储空间以及计算资源加以占用。基于此，二者在具体应用阶段，均要借助于数据存储技术以及管理技术等实现自身功能，从而推动后续工作的顺利进行。倘若说大数据中包含了海量的价值信息，那么我们可以将云计算视作是挖掘此类信息的工具，简而言之就是指后者为前者提供了使用工具以及相应的利用途径，正是因为大数据的存在，云计算的价值才可以被放大与挖掘。

②再就具体使用形式方面进行分析，大数据也是云计算的一种延伸内容。除此之外，正是因为有了云计算的支持，大数据的存储以及计算能力才能够不断地被优化与提升，进而有效地强化数据处理速度，为一系列工作的开展提供有力的支持。而当大数据被投入到实际的应用过程中时，便会产生一系列业务需求，而在此阶段内，云计算应用途径也被不断地丰富。[11]

7. 区块链是什么？

全球最具权威的 IT 研究与顾问咨询公司 Gartner 给出了区块链（blockchain）的定义：区块链是一种分布式账本技术，它用来记录网络中的每一笔点对点的交易，所有经过确认和证明的交易都基于时间序列记录在每一个区块中，下一个区块始终指向前一个区块，形成一个链式结构，因此得名为区块链。

区块链技术是一种由多方共同维护，使用密码学保证传输和访问安全，能够实现数据一致存储、难以篡改、防止抵赖的分布式账本技术。[12] 区块链技术有 5 个特征：去中心化、开放性、自治性、信息不可篡改、匿名性。

"区块链"概念最早是 2008 年中本聪在《比特币白皮书》中提出的，在随后的几年中，区块链成了电子货币比特币的核心组成部分：作为所有交易的公共账簿。2009 年 1 月 3 日，中本聪在位于芬兰赫尔辛基的一个小型服务器上挖出了比特币的第一个区块——创世区块（Genesis Block）。2014 年，"区块链 2.0"成为一个关于去中心化区块链数据库的术语。区块链 2.0 技术跳过了交易和"价值交换中担任金钱和信息仲裁的中介机构"，它使人们远离全球化经济，使隐私得到保护，使人们将掌握的信息兑换成货币。2016 年 12 月 20 日，数字货币联盟——中国 FinTech 数字货币联盟及 FinTech 研究院正式筹建。

中国信息通信研究院最新发布的《区块链白皮书（2019）》[12] 显示，区块链的技术的应用场景不断铺开，从金融、产品溯源、政务民生、电子存证到数字身份与供应链协同，场景的深入化和多元化不断加深。行业应用现状如下：一是赋能数字经济模式创新，二是金融服务领域成效显著，三是产品溯源领域优先起步，四是政务民生领域重点探索，五是电子存证领域多点铺开，六是数字身份领域备受关注，七是供应链协同领域渐落地。[1]

以目前的形势来看，区块链的发展速度似乎要比互联网更快，也不可避免地存在乱象，出现泡沫。从而出现了区块链发展的一些制约因素：一是在社会认知层面，大众争议与行业疑虑蔓延；二是在监管环境层面，我国监管需增强政策弹性；三是在技术应用层面，大规模推广落地尚存难点；四是在人才培养层面，区块链专业人才相对稀缺。[12]

《区块链白皮书 2019》[12] 也提出了关于区块链发展的政策建议：一是多方协同推进，加强关键技术研究；二是以点带面探索，加速行业应用推进；三是近期远期结合，开展审慎包容监管。

8. 大数据和区块链是什么关系？

当我们提到区块链时，经常会伴随着另外一个词——大数据，大数据是对于海量数据进行管理和分析，而区块链则是提高数据的安全性和可靠性。大数据和区块链是基于互联网背景下发展起来的两种独立的技术。[13] 作为都是正在发展中的新兴技术，区块链和大数据正在逐渐让我们看到两者相互协作、相互推进的可能，它们都将是数字经济时代的基石。那么它们之间存在着怎样的区别与联系呢？

大数据和区块链的区别在于：

（1）结构化和非结构化：区块链是结构定义严谨的块，是通过指针组成的链，是典型的结构化数据，而大数据需要处理的更多的是非结构化数据。

（2）独立和整合：区块链系统为保证安全性，信息都是相对独立的，而大数据着重的是信息的整合分析。

（3）直接和间接：区块链系统本身就是一个数据库，是很直白的，而大数据指的是对数据的深度分析和挖掘，是一种间接的数据。

（4）数学和数据：区块链试图用数学说话，区块链主张"代码即法律"，而大数据试图用数据说话。

（5）匿名和个性：区块链是匿名的（公开账本，匿名拥有者，相对于传统金融机构的公开账号，账本保密），而大数据有意的是个性化。

大数据和区块链的联系有：

首先，从宏观上看，区块链和大数据是解决众多问题的良药。区块链用极低成本解决信任问题，对于提升网络安全、改善当前低迷的经济环境等更有现实意义，大数据增强了人们对世界经济、疾病、气候等诸多领域的认知，二者融合发展为解决新问题提供了新思路、新途径。

其次，从技术上看，区块链是构建在大数据技术之上的技术体系。区块链数据集合包含着每一笔交易的全部历史，随着区块链技术应用的迅速发展，数据规模会越来越大，实际上就是构建在大数据技术之上的技术体系。

最后，从内容上看，区块链未来会重构大数据。数据显示，2016 年全球共发生 1800 起数据泄露事件，近 14 亿条记录外泄，我国因数据泄露等原因造成的经济损失就高达 915 亿元。随着区块链技术的不断成熟，未来的数据无疑将存在区块链里，所有大数据应用（如交易、隐私保护等）和创新都将基于区块链。区块链将重构大数据，成为一切数据的入口。[14]

总之，区块链和大数据都还在发展中，两者之间的相互作用还存在广阔的发展空间，让我们拭目以待。

9. 物联网是什么？

《ITU 互联网报告 2005：物联网》报告中给出了较为公认"物联网"（internet of things，IOT）的定义：物联网是通过智能传感器、射频识别（RFID）设备、卫星定位系统等信息传感设备，按照约定的协议，把任何物品与互联网连接起来，进行信息交换和通信，以实现对物品的智能化识别、定位、跟踪、监控和管理的一种网络。显而易见，物联网所要实现的是物与物之间的互联、共享、互通，因此又被称为"万物相连的互联网"。

中国物联网校企联盟将物联网定义为当下几乎所有技术与计算机、互联网技术的结合，实现物体与物体之间：环境、状态信息实时的共享以及智能化的收集、传递、处理、执行。广义上说，当下涉及信息技术的应用，都可以纳入物联网的范畴。

物联网即"万物相连的互联网"，是在互联网基础上延伸和扩展的网络，将各种信息传感设备与互联网结合起来而形成的一个巨大网络，实现在任何时间、任何地点，人、机、物的互联互通。[15]

1998 年，美国麻省理工学院创造性地提出了当时被称作 4G 核心网络的 EPC 系统（evolved packet core）的"物联网"的构想。[16]1999 年，在美国召开的移动计算和网络国际会议上，美国麻省理工学院自动识别中心（MIT Auto – ID Center）的凯文·阿什顿（Kevin Ashton）教授首次提出了"物联网"的概念，他因此也被称作"物联网之父"。过去在中国，物联网被称为传感网，中国科学院早在 1999 年就启动了传感网的研究，并已取得了一些科研成果，建立了一些适用的传感网。[17]2005 年 11 月 17 日，国际电信联盟（ITU）在信息社会世界峰会（WSIS）上正式确定了"物联网"的概念。

根据《物联网白皮书（2018）》[18]，全球物联网应用出现三大主线：一是面向需求侧的消费性物联网，即物联网与移动互联网相融合的移动物联网，创新高度活跃，孕育出可穿戴设备、智能硬件、智能家居、车联网、健康养老等规模化的消费类应用；二是面向供给侧的生产性物联网，即物联网与工业、农业、能源等传统行业深度融合形成行业物联网，成为行业转型升级所需的基础设施和关键要素；三是智慧城市发展进入新阶段，基于物联网的城市立体化信息采集系统正加快构建，智慧城市全球物联网应用出现三大主线。

《物联网白皮书（2018）》[18]中提出了我国物联网发展的策略建议：一是"建平台"与"用平台"双轮驱动，加快形成物联网平台的应用体系；二是"补短板"和"建生态"相互促进，构建我国物联网的产业发展体系；三是"促应用"和"定标准"共同推进，实现我国物联网与行业发展的深度融合和规模应用；四是"保安全"与"促发展"相互促进，加快构建可信的物联网安全保障体系。

10. 人工智能是什么？

关于人工智能（artificial intelligence，AI），1950年，计算机科学理论奠基人图灵[19]提出了著名的"图灵测试"——如果一台机器能够与人展开对话（通过电传设备），并且会被人误以为它也是人，那么这台机器就具有智能。图灵奖得主，被誉为人工智能之父的马文·明斯基（Marvin Lee Minsky）[20]则将人工智能定义为"让机器做本需要人的智能才能够做到的事情的一门科学"。而代表人工智能另一条路线——符号派的代表人物，图灵奖和诺贝尔奖双料得主司马贺（Herbert A. Simon）[21]认为，智能是对符号的操作，而最原始的符号对应于物理客体。

美国斯坦福大学人工智能研究中心尼尔逊教授给出人工智能的定义为：人工智能是关于知识的学科，是怎样表示知识以及怎样获得知识并使用知识的科学。从人工智能实现的功能来定义是智能机器所执行的通常与人类智能有关的功能，如判断、推理、证明、识别学习和问题求解等思维活动。

人工智能通常是指通过普通计算机程序来呈现人类智能的技术。不同于传统计算机技术是由机器根据既定的程序执行计算或者控制任务，人工智能可以理解为用机器不断感知、模拟人类的思维过程，使机器达到甚至超越人类的智能。通常认为，人工智能应用具有自学习、自组织、自适应、自行动的特点，有近似生物智能的效果。[22]

1956年在美国达特茅斯大学的一场学术会议上，人工智能的概念被提出并获得肯定，这标志着人工智能科学诞生。人工智能的发展大致可分为三个阶段：第一阶段（1956~1980年）人工智能诞生；第二阶段（1980~2000年）人工智能步入产业化；第三阶段（2000年至今）人工智能迎来爆发。[23]

《人工智能发展白皮书——产业应用篇（2018）》[22]指出人工智能的应用领域如下：

（1）人工智能赋能医疗各环节能效初显。近年来，随着医疗数据数字化深入，人工智能在医疗领域应用掀起第二次浪潮，已渗透到疾病风险预测、医疗影像、辅助诊疗、虚拟助手、健康管理、医保控费等各个环节，并取得初步成效。

（2）智能教育加速推进教育教学创新。当前人工智能、大数据等技术迅猛发展，教育智能化成为教育领域发展的方向。智能教育正改变现有教学方式，解放教师资源，教育理念与教育生态引发深刻变革。

（3）智能交通提升城市管理水平。随着全球经济高速发展，城市化进程不断加快，机动车保有数量增长，道路交通运输量不断增加，各种交通问题凸显，发展智能交通可完善政府管理，改善用户体验，促进城市发展。

（4）人工智能提升公共安全保障能力。人工智能已应用在社会治安、反暴反恐、灾害预警、灾后搜救、食品安全等公共服务领域，通过人工智能可准确地感知社会安全运行的重大态势，提高公共服务精准化水平，保障人民生命财产安全。

（5）人工智能拓展金融服务广度和深度。智能金融是人工智能与金融的全面融合。智能金融是以人工智能等高科技为核心要素，提升金融机构的服务效率，拓展金融服务的广度和深度，实现金融服务智能化、个性化和定制化。

《人工智能发展白皮书——产业应用篇（2018）》中提出了人工智能发展的策略建议：一是持续完善数据资源体系，破解发展制约；二是打造人工智能创新平台，推动产业应用；三是积极开展多元路线探索，突破技术瓶颈；四是提前布局劳动资源转换，应对就业变化。

11. 金融科技是什么？

金融科技英译为 fintech，是 financial technology 的缩写，可以简单理解成为 finance（金融）+ technology（科技）。1993 年深圳市科技局首次提出"科技金融"以来，其概念其实并没有统一的界定。赵文昌等（2009）的定义因其系统、严谨，被学术界广泛采用：

金融科技是促进科技开发、成果转化和高新技术产业发展的一系列金融工具、金融制度、金融政策与金融服务的系统性、创新性安排，是由科学和技术创新活动提供金融资源的政府、企业、市场、社会中介机构等各种主体及其在科技创新融资过程中的行为活动共同组成的一个体系，是国家科技创新体系和金融体系的重要组成部分。[24]

金融科技涉及的技术具有更新迭代快、跨界、混业等特点，是大数据、人工智能、区块链技术等前沿科技与传统金融业务与场景的叠加融合。主要包括大数据金融、人工智能金融、区块链金融和量化金融四个核心部分。[24]

金融的科技化是基本趋势，金融科技将会在维护国家金融安全、助力我国金融业"弯道超车"、实现民生普惠、助推"一带一路"建设这四个维度促进我国金融行业发展进入一个全新的时代。[25]

12. 5G 是什么？

第五代移动通信技术（5th generation mobile networks 或 5th generation wireless systems、5th - generation），简称 5G 或 5G 技术，是最新一代蜂窝移动通信技术，也是继 4G（LTE - A、WiMax）系统之后的延伸。5G 的性能目标是高数据速率、减少延迟、节省能源、降低成本、提高系统容量和大规模设备连接。Release - 15 中的 5G 规范的第一阶段是为了适应早期的商业部署。Release - 16 的第二阶段将于 2020 年 4 月完成，作为 IMT - 2020 技术的候选提交给国际电信联盟（ITU）。[26]

5G 技术的特征主要表现在以下几个方面：

（1）5G 技术改变了用户体验方式，可以加强资源数据传输率和平台平均吞吐率。各终端服务商可以在 5G 平台上开展一系列新型移动业务，为用户提供稳定优质的服务。

（2）5G 技术改变了传统网络传输模式，不再通过点—点传输，而是采用多点—多用户传输运行模式。新的网络传输模式可以有效提升网络运行效率，确保该项技术的作用和价值。

（3）5G 技术可以强化数据作用。在室内无线信号全覆盖条件下，通过高频资源加强信号穿透力，优化传统覆盖模式，可以在较大程度上提升无线信号的可用性和优质性。在研究 5G 技术时必须注重特征问题，正是由于其存在各项优势特征，因此各大运营商都致力于研究和开发 5G 技术，全面加强网络信号稳定性，提升通信网络运行效果。[27]

13. 5G 和大数据是什么关系?

5G 时代是一个大数据爆发的时代。5G 时代为以大数据为中心的多领域技术全面进步提供了很多机遇,并能够通过高带宽,支持粒度更高的数据传输与处理;通过低时延,推动更多样算法模型的实现;通过高可靠性,扩展更高难度的应用场景,使大数据在多种应用平台上得以实现价值化操作。[28]

5G 的高速率网络传输将为大数据提供源源不断的海量的数据规模。5G 使大数据内容更加充实和丰富。5G 对万物互联的支持,能够增加数据的来源多样性,并进一步丰富数据维度。5G 促进了大数据分析处理能力的提升。5G 的数据传输速率和网络架构能力都有显著的提升,这对大数据分析处理平台是非常有利的。5G 对大数据应用垂直化起到了积极作用。大数据应用的垂直化一定程度上被自身所牵制,不利于人工智能的快速发展,而 5G 将为垂直业务带来发展机遇。[28]

14. 5G 和云计算是什么关系?

从技术上看,大数据与云计算的关系就像一枚硬币的正反面一样密不可分。大数据必然无法用单台的计算机进行处理,必须采用分布式架构。它的特色在于对海量数据进行分布式数据挖掘。但它必须依托云计算的分布式处理、分布式数据库和云存储、虚拟化技术。[28]

云计算是基于大数据展开的,必须依靠海量数据的支持。5G 通过加快信息传递速度,能产生更多海量数据,然后再通过云计算去处理这些数据。由5G 带来的数据量的提升会对云计算的计算能力、存储空间的规模、处理大规模并发事件的能力等提出更高的要求。[28]

15. 5G 和区块链是什么关系?

区块链中最重要的技术创新是共识算法,而公有链中的共识算法面临的关键问题是分叉问题。5G 能给区块链中共识算法带来两个优势:更多的节点和更低的时延。海量多节点可以保证更多用户参与挖矿竞赛，而更低的时延可以改善区块链系统面临的一致性问题，提高了区块链网络本身的可靠性。[28]

16. 5G和物联网是什么关系？

5G技术在物联网领域的应用优势：

（1）信号覆盖面广：5G技术在物联网领域应用的首要优势就是其广泛的信号覆盖面。与之前的移动通信技术不同，5G在排列上采用了天线阵列；同时综合了波束赋形、波束追踪等技术，并结合多输入多输出系统（MIMO）的设计，因此其信号覆盖范围得到了大幅提升，也就为5G用户及物联网提供了高速数据服务，为物联网的高效运行奠定了基础。

（2）热点容量高：5G网络在通信方式上选择了多基站通信方式，该通信方式会在覆盖区域内生成局部热点区域，这种区域的数据传输速度更快，能为有需求的用户或设备提供更高水准的数据传输服务，并使网络流量的密度大幅提升。这也就意味着用户及设备能随时接入网络，而5G强大的传输速率也保证了网络的稳定性。

（3）网络延迟低：网络延迟低是5G技术在物联网领域应用的又一个优势，由于数据发送与接收之间存在时差，如果因其他因素导致时差增大，也就形成了网络延迟。物联网中车联网、智慧社区、工业控制等这类具有垂直行业特性的行业对网络延迟有极高要求，普通人看来微不足道的网络延迟都会在这类行业中造成事故。而5G技术能够将网络延迟缩短到1毫秒（ms）以内，从而降低了网络延迟的影响，保障物联网业务进行的可靠性。[29]

5G的标准中有针对物联网产业广覆盖、低功耗的海量机器类通信场景。虽然5G标准具有支撑物联网发展的技术能力，但在产业形态构建、行业标准统一、技术使用的安全性上，5G都无法提供良好的支持，因此5G只是能完成物联网的基础部署。[28]

17. 5G和人工智能是什么关系？

（1）5G通信助力人工智能发展。
①5G通信为人工智能的引入提供基础。5G通信为人工智能的引入提供的

基础通信网络涵盖了三种基本的服务能力：设备连接、数据传输、服务能力递送。在 5G 时代，"万物互联"产生了海量的数据，在以前这三种服务都离不开远程访问。这种远程的访问必然造成网络的拥塞，使得网络的压力巨大，网络的灵活性大大降低，严重的话还会出现网络的服务效率低，以至于网络崩溃的情况。而 5G 通信的服务是通过接入网和承接网直接提供，并且还能支撑就近部署和就近访问，大幅度提高了移动网络的服务能力，也使 5G 服务更有灵活性和高效性。正是这种改变，才为在 5G 应用中引入人工智能提供了可能。

②人工智能帮助建设 5G 网络架构。5G 时代关注的不再是网络的移动性而是 5G 连接的物联网。所有的人、所有的物在 5G 网络架构下都能做到互联互通。基于这种需求和定位，5G 网络的复杂程度，5G 网络中的数据量不是 4G 网络可以比拟的。目前的网络架构已经不能满足未来的需要了，另外，现在的网络维护大都还是使用传统的人工管理和人工干预，在新的需求面前，也越来越力不从心。人工智能正好可以帮助建设 5G 网络。5G 网络两个重要的指标：一是实现网络传输路径的自主选择；二是实现对已知网络设备故障的自我修复能力。这种自主能力正是人工智能的核心之一，在建设 5G 网络中引入人工智能技术，可以利用人工智能的自我学习，自主深化方面的优势，让 5G 网络真正实现"智能"管理。

（2）人工智能赋能 5G 网络。

①提升频谱利用率。5G 网络的各种配置参数高达上万种组合方式，单靠人工配置难以进行有效配置。引入人工智能分析频谱的利用策略，实现实时监控管理和动态优化。

②提升网络覆盖率。5G 网络虽然比 4G 网络具有很多的优势，不过也有一个非常麻烦的问题。5G 通信放弃了远程访问，这种方式也导致了 5G 单个基站能够覆盖的网络范围相比 4G 基站要小很多。要实现 5G 的大规模普及必须要新建大量的 5G 基站，数量会是 4G 基站的十倍。在修建 5G 的基站之前必须完成对整体基站的通盘考虑，寻找基站选址和规划的最优解。这时人工智能可以提供非常好的支持工作，人工智能结合它自身预测技术，可以在保证高覆盖率的同时，降低建设成本和维护成本。

③优化虚拟网络。目前在网络建设中大量使用网络功能虚拟化（NFV）技术，这种技术可以在网络的物理层面上虚拟出很多虚拟化的网络。这种虚拟出来的网络能够在应用层互相的隔离，具有独立的网络资源。引入人工智能技术，就可以实时监控虚拟化资源的使用情况，根据实际需要进行自我优化，减少人为干预。使得 5G 网络具有更好的开放性、可编程性、灵活性和

可扩展性。[30]

目前，人工智能主要依靠云计算和终端处理。终端会对自身的大量信息进行处理和提炼，然后进入云端的人工智能大脑进行统一处理。然而，由于终端处理能力和网络传输能力有限，目前的人工智能速度较慢，智能化程度较低。如果应用通过 5G 网络连接到云上，采用边缘计算技术，5G 核心网络分布式架构完美匹配应用延伸到边缘的需求。边缘网关可以将信息直接转发到边缘应用程序，帮助人工智能将应用程序扩展到边缘。可以说 5G 技术是人工智能的前夜，它让算法的速度更快，为人工智能的应用做好了所有的铺垫，例如，数据的铺垫、信息的铺垫。[28]

18. 5G 的三大应用场景是什么？

（1）增强移动宽带（eMBB）：具备超大带宽和超高速率，用于连续广域覆盖和热点高容量场景，是 5G 发展初期的核心应用场景。广覆盖场景下实现用户体验速率 100 兆比特每秒（Mbps）、移动性 500 千米/时（Km/h）；热点高容量场景下用户体验速率 1Gbps、小区峰值速率 20Gbps、流量密度 10Tbps/km^2，可面向云游戏、4K/8K 超高清视频、AR/VR 等应用业务。

（2）高可靠低时延（uRLLC）：支持单向空口时延最低 1ms 级别、高速移动场景下可靠性 99.999% 的连接。主要面向车联网、工业控制、智能电网等应用场景，更安全、更可靠。

（3）低功耗大连接（mMTC）：支持连接数密度 106 万/平方千米，终端具备更低功耗、更低成本，真正实现万物互联。[31]

19. 点数据、条数据、块数据是什么？

点数据是来源于个人、企业及政府的离散系统，涉及人们生产生活的各个领域、各个方面、各个层次和各个环节，这类数据已经被电子系统识别并存储在各种相应的系统中，但是由于没有与其他数据发生价值关联，或者价值关联没有被呈现，造成未被使用、分析甚至访问。点数据是大数据的重要来源，与生产生活息息相关，具有体量大、分散化和独立化等特点。

条数据是在某个行业和领域呈链条状串起来的数据。无论是传统行业所汇聚的企业内部数据，还是各级政府实施的信息化工程所掌握的卫生、教育、交通、财政、安全等部门数据，再或者是互联网企业存储的电子商务、互联网金融等新型行业数据，都可以被定义为条数据。

块数据是把各种分散的点数据和分割的条数据大数据汇聚到一个特定平台上并使之发生持续的聚合效应。这种聚合效应就是通过数据多维融合和关联分析对事物做出更加快速、更加全面、更加精准和更加有效的研判和预测，从而揭示事物的本质规律。从这个意义上说，块数据是大数据的核心价值，是大数据发展的高级形态，是大数据时代的解决方案。[32]

20. 冷数据、热数据、温数据是什么？

冷数据是指那些活动不频繁、不会被经常访问甚至永远不会被访问，但仍然需要保留的数据。受到业务特征、用户行为乃至监管政策（例如，医院的医学影像文件需要自患者最后一次就诊之日起保存不少于 15 年）的影响，在经过一段时间的使用后，绝大部分数据都会迅速变"冷"，因此数据集合中通常有高达 80% 的部分属于不常被访问的冷数据。[33]

热数据是需要被计算节点频繁访问的在线类数据，可以是半年以内的数据，用户经常会查询它们，适合放在数据库中存储。

温数据是并不被经常使用到的数据，可以是半年到一年没有被访问到的数据，用户有时也需要在线查询一年内的数据，这些数据也适合存在数据库中。

21. 数字化是什么？

数字化的概念包含两个层面：第一个层面是技术逻辑的层面，数字技术把人与物的各种信息变成数字信号或数字编码，通过各种程序进行处理，并伴随和推动互联网、物联网等的发展，逐渐进入数据化与智能化等更高的阶段。第二个层面是数字技术带来的社会影响和产业变革，其中最重要的是生活方式和生产方式的变革。[34]

数字化并不是对企业以往的信息化建设推倒重来，而是整合优化以往的企业信息化系统，并在整合优化的基础上，提升管理和运营水平，用新的技术手段提升企业运用新技术的能力，以支撑企业适应数字化转型变化带来的新要求。[35]

想要了解什么是数字化，先要从了解数字化和信息化两者的区别开始。从应用的范围来看，信息化主要是单个部门的应用，很少有跨部门的整合与集成，其价值主要体现在效率提升方面；而数字化则是将企业整个业务流程进行数字化的打通，破除"部门墙""数据墙"，实现跨部门的系统互通、数据互联，全线打通数据融合，为业务赋能，为决策提供精准洞察。[35]

22. 数据流是什么？

数据流就是大量连续到达的、潜在无限的数据的有序序列，这些数据或其摘要信息只能按照顺序存取并被读取一次或有限次。在网络监控、入侵检测、情报分析、金融服务、股票交易、电子商务、电信、卫星遥感（气象、环境资源监控等）、Web 页面访问和科学研究等众多领域中，数据以流的形式出现。[36]

数据流分为输入流（input stream）和输出流（output stream）两类，输入流只能读取数据不能写入数据，而输出流只能写入数据不能读取数据。通常程序中使用输入流读出数据，输出流写入数据，就好像数据流入程序并从程序中流出。采用数据流使程序的输入输出操作独立于相关设备。

23. 数据科学是什么？

数据科学（data science）是一门基于数据处理的利用数据学习知识的学科，它结合了包括应用数学、统计学、模式识别、机器学习、数据可视化、数据仓库以及高性能计算等诸多领域中的理论和技术。

数据科学理解为大数据时代的一门新科学，即以揭示数据时代尤其是大数据时代新的挑战、机会、思维和模式为研究目的，由大数据时代新出现的理论、方法、模型、技术、平台、工具、应用和最佳实践组成的一整套知识体系。[37]

1974 年，著名计算机科学家、图灵奖获得者彼得·纳尔（Peter Naur）在其著作《计算机方法概论》（Concise Survey of Computer Methods）的前言中首次明确提出了数据科学的概念："数据科学是一门基于数据处理的科学"，并提到了数据科学与数据学（datalogy）的区别——前者是解决数据问题的科学，而后者侧重于数据处理及其在教育领域中的应用。彼得·纳尔首次明确提出数据科学的概念之后，数据科学研究经历了一段漫长的沉默期。直到 2001 年贝尔实验室在学术期刊发表了题为《数据科学：扩大统计领域技术方面的行动计划》（*Data Science：An Action Plan for Expanding the Technical Areas of the Field of Statistics*）的论文，主张数据科学是统计学的一个重要研究方向，数据科学才再度受到统计学领域的关注。2013 年，马特曼（Mattmann）和达尔（Dhar）在 *Nature* 和 *Communications of the ACM* 上分别发表了题为《计算机：数据科学视角》（*Computing：A vision for data science*）和《数据科学与预测》（*Data Science and Prediction*）的论文，从计算机科学与技术视角讨论了数据科学的内涵。

24. 激活数据学是什么？

激活数据学是块数据的核心运行机制。激活数据学的基础是人工智能的飞速发展，通过人机交互推动高度数据化的智能碰撞与高度智能化的数据融合，对高度关联的数据进行激活，进而实现对不确定性和不可预知性的精准把控。激活数据学以超大规模数据为研究对象，以超大规模数据在块上集聚为基础，以实现超大规模数据的有效存储和精准利用为研究目标，以"协同感知、融合重构、深度学习、数据精炼、群智认知和智能服务"为原则，创建了一套基于复杂理论的以数据搜索、关联融合、自激活、热点减量化、群体智能为核心的数据处理框架。[38]

25. 数据开放与数据公开的差别是什么？

开放数据通常是结构化、可机读、获得开放授权并得到良好维护的数据，而公开数据则可能出现在任何地方，虽然可免费浏览和阅读，但并不能真正获取和使用，往往是非结构化的、混乱的、授权使用要求模糊。开放数据是可以被自由再利用的，任何人都可以分析、比较、对标和发现规律，而公开数据是有条件使用的，并且不一定是免费的。例如，虽然有些网站上的数据任何人都可以浏览，但只有付费才能获取，且需要按照授权要求才能使用，这类数据就不是开放数据，而只是公开数据。[39]

而数据开放和数据公开的差别体现在以下几个方面：

在内容上，传统的数据公开侧重于信息层面的公开，公开的对象主要是文本形式的文件或是经过归纳分析后的统计报告，而数据开放则将信息的层面推进到了数据层。[39] "数据" 是原始记录，未经加工与解读，不具有明确意义，而 "信息" 已经过分析加工被赋予特定意义，数据比信息具有更大的再利用和分析空间。[39]

在目的上，数据公开的首要目标是保障公众的知情权，提高透明度，但知情并不等于获得，获得也不等于可利用。而数据开放强调赋予公众利用数据的权利，让公众在知情的基础上，能够获得和利用数据。

在环境上，数据公开对应的是互联网早期的通信环境，当时互联网用户端通信速率很低，需要向公众提供加工后的信息。大数据时代不仅表现为数据量的爆炸式增长，更意味着大量信息技术应用的普及。数据开放是数据公开的升级版，这种升级是为了适应大数据时代的要求。

26. 数据烟囱和数据孤岛是什么？

数据烟囱也称信息孤岛或信息壁垒，广泛存在于各个领域，带来交易成本的增加，影响业务办理效率，信息化的作用无法充分体现，是阻碍经济社会发展的重要因素。[40]

基层治理中的数据烟囱直接导致工作人员重复进行信息录入和上报，使得行政效率低下，信息资源无法得到有效利用；间接导致基层治理中的形式主义滋生，影响基层人员工作热情，长期下去则有损政府公信力和经济社会健康发展，影响国家治理体系和治理能力现代化进程。基层治理是国家治理的基石，基层治理现代化是国家治理现代化的重要内容，因而，消除数据烟囱，实现治理主体间的信息共融，提高信息资源的利用效率，推进基层治理现代化，是当前重要且紧迫的任务。[40]

数据孤岛，顾名思义就是岛屿之间是相互独立、各自分散，无法进行沟通交流。引申到数据信息领域来讲，就是每个部门的数据存储、数据定义等数据属性与行为仅仅局限在部门内部，部门之间无法做到安全的数据共享。因此，虽然数据量巨大，蕴藏着丰富的信息，但是数据之间无法建立联系，遏制了综合信息的挖掘利用。[41]

27. 数据湖是什么？

数据湖（data lake）的概念是 Pentaho 的首席技术官詹姆斯·迪克逊（James Dixon）首先提出，它被定义为一种区别于原始数据库的数据存储架构，以原生格式保存大量的原始数据，可以包含结构化、非结构化数据，与传统数据库写模式（schema on write）相比，它是一种读模式（schema on read），直到数据被使用的时候再进行处理。可见，数据湖中的数据是直接从数据源摄取原始状态的数据，不经过任何清理、标准化、重新建模和改动等操作，不会受到特定用途的数据加工带来的局限性。科学研究从这些原始的、未改动的详细源数据中，有可能发现新的模式，这类数据更加适合作为科研数据输入，更具有数据挖掘价值。[42]

现有的数据湖设计考虑了数据的特点，使数据共享平台更具可扩展性和弹性，但由于整个原始数据集是在不完全信任的对等节点之间交换的，利用数据进行分析的用户可能会在未经数据提供者事先同意的情况下重新分发数据提供者共享的数据以获取利润；另外，数据提供者可能无法完全信任数据湖，数据湖可能在没有经过资料提供者同意的情况下将数据重新分发给用户。因此，如何安全高效地共享有价值的数据成为数据湖的设计重点。为了促进大数据应用中有价值数据的流通，必须完善现有数据湖缺失的数据隐私和系统稳健性，以便数据更为安全地在同企业部门间乃至同行业企业间实现共享。[43]

28. 共识算法与共识协议是什么？

区块链是分布式账本，需要由共识算法来保证区块链上各个节点账本数据的一致性。为此，许多相关学者提出了各种具体的不同的共识算法：实用拜占庭容错算法（practical byzantine fault tolerance，PBFT）、工作量证明（proof of work，PoW）、权益证明（proof of stake，PoS）、委托权益证明（delegate proof of stake，DPoS）等各种不同的算法。

区块链共识协议是保障区块链正常运行的基础协议，它定义了区块链中的出块规则、出块冲突处理规则、奖励规则、交易执行规则、智能合约执行规则、共识协议版本控制规则等，用来保证区块链上所有节点的数据的一致性，避免出现区块链的分叉。所谓区块链分叉是指，区块链在一个区块高度上由于部分节点使用一种共识协议而另一部分节点使用另一种共识协议导致两部分节点上的区块数据不同而出现了形似树权的分歧。两种共识协议不同通常是由于治理失效造成的一部分节点使用旧协议而另一部分节点使用新协议。[44]

29. 中国大数据的发展方向、世界大数据的发展方向是什么？

我国大数据产业围绕关键核心技术的研发投入将持续加大，工业企业将更加注重数据资源管理能力提升，多元主体差异化竞争格局将进一步明晰，大数据与区域经济协同发展持续深入，数据资产有效运营和价值转化将成为各类主体发展的重要命题。

（1）研究制定新时期大数据产业发展的顶层规划。"十四五"时期，大数据产业对经济社会高质量发展的赋能作用更加突显，打造大数据产业核心优势、支撑构建以数据为关键要素的新发展模式已成为各方共识。要从全国统筹发展角度，对新时期大数据产业发展进行前瞻部署，明确数据资源管理、数据技术产品协同攻关、数据融合应用、大数据企业主体培育、区域集聚发展、产业生态建设等重点任务和实施路径，创新发展手段，落实任务责任主体和关键举措，充分引导产业供给能力提升，释放产业价值，赋能经济社会发展。

（2）强化大数据核心技术创新突破。推动大数据技术"固根基、扬优势、补短板、强弱项"。一是优势领域做大做强，提升现有大数据应用分析等技术优势，实现从被动跟随到技术引领的转变。二是前沿领域加强技术融合，进一步加强前瞻布局，推动数字孪生、人机协同、边缘计算、区块链等与大数据技术有效融合，抢抓新兴技术发展先导权。三是补齐关键技术短板，构建产学研协同的创新生态布局，加强大数据计算框架、分布式数据库、图计算引擎等底层技术攻关。

（3）进一步加强工业大数据应用发展指导。一是分行业梳理工业大数据应用路径、方法模式和发展重点，编制工业大数据应用指南，引导企业的工业大数据应用方向。二是加快研究制定科学有效的工业大数据应用水平评估标准，对我国、各地及企业工业大数据应用现状、应用水平进行监测、分析和评估，引导地方、企业依据评估标准和结果，循序渐进提升应用水平。三是加快推进工业企业 DCMM 贯标，推动构建以企业为主体的工业数据分类分级管理体系，促进工业数据应用价值有效释放。[45]

当前及未来全球大数据发展的新趋势：

一是大数据与人工智能、云计算、物联网、区块链等技术日益融合，成为各国抢抓未来发展机遇的战略性技术。英国在工业战略中强调大数据与人工智能的发展，很有可能推动现有的商品和服务市场被颠覆和取代。日本将大数据、物联网和人工智能界定为建设超智能社会服务平台必不可少的共性技术。韩国与日本相似，将智能信息化社会定义为"ICBM（物联网、云服务、大数据和手机）与 AI（人工智能）相融合的社会"。

二是大数据资源对各国经济政治博弈的重要性更加凸显。美国新版的国家安全战略中，特朗普再次将"数据"比喻为一种能源，他认为掌握了数据及相关能力，就是为美国经济的持续增长、有效抵制敌对意识形态以及部署建设最强大军事力量等构建了最基础的保障。"脸书危机"事件，再加上近年来"剑桥分析"及其母公司"战略通讯实验室"参与多国领导人选举活动事件，使得大数据资源及相关技术成为某些国家利益集团及企业影响政治生态和社会安全的重要手段，各国政治社会发展面临的风险变得更加复杂和不可预测。

三是大数据应用基础条件发生跨越式变化。一方面政府数据开放的广度和深度将进一步拓宽，多源数据融合技术的进步，为公共服务数字化与智能化水平的提升提供了技术层面的保障，数据的标准化及开放则成为各国建设服务型政府和平台型政府的资源保障。另一方面大数据应用的基础设施将成为与水电气暖等相类似的设施，成为人们生活中必不可少的部分。这其中包括物联网、智能硬件等数据采集类设施，5G、光通信等超高速数据传输类设施，以及超级计算机、云计算以及边缘计算等计算类设施，以及新型的存储设施等等。

四是大数据安全为各国实现"平衡"发展带来更严峻的挑战。各国大数据发展战略中，不同国家和地区对"数据开放共享"与"个人信息保护"的侧重点不同，比如欧盟希望通过强制性的统一标准最大限度地保护个人隐私，而美国则相对弱化法律约束、希望充分调动企业的主动性，这种态势对未来全球大数据国际规则的融合发展提出了新难题。同时对大数据企业权利和义务也要进行再平衡，监管太严将限制企业创新的脚步，但如果放手太多，在实践中难免出现企业对个人隐私大规模侵害的问题。[46]

30. "新基建"是什么?

"新基建"是与"传统基建"相对应,结合新一轮科技革命和产业变革特征,面向国家战略需求,为经济社会的创新、协调、绿色、开放、共享发展提供底层支撑的具有乘数效应的战略性、网络型基础设施。"新基建"包括5G基建、特高压、城际高速铁路和城市轨道交通、新能源汽车充电桩、大数据中心、人工智能、工业互联网等七大领域。[47]

近年来,党中央、国务院高度重视新型基础设施建设,不断加快并完善新基建领域的建设布局。以"新基建"为牵引,夯实经济社会高质量发展的"底座""基石",对于引燃"十四五"产业动力新引擎、助力数字经济发展、构建智慧和谐社会具有重要意义。[47]"新基建"概念发展时间脉络如表1-4所示。

表1-4   "新基建"概念发展时间脉络

时间	会议	内容
2018年12月	中央经济工作会议	加快5G商用步伐,加强人工智能、工业互联网、物联网等新型基础设施建设,加大城际交通、物流、市政基础设施等投资力度,补齐农村基础设施和公共服务设施建设短板
2019年3月	全国两会政府工作报告	加大城际交通、物流、市政、灾害防治、民用和通用航空等基础设施投资力度,加强新一代信息基础设施建设
2019年12月	中央经济工作会议	要着眼国家长远发展,加强战略性、网络型基础设施建设,推进川藏铁路等重大项目建设,稳步推进通信网络建设,加快自然灾害防治重大工程实施,加强市政管网、城市停车场、冷链物流等建设,加快农村公路、信息、水利等设施建设
2020年1月3日	国务院常务会议	大力发展先进制造业,出台信息网络等新型基础设施投资支持政策,推进智能、绿色制造
2020年2月14日	中央全面深化改革委员会第十二次会议	统筹存量和增量、传统和新型基础设施发展,打造集约高效、经济适用、智能绿色、安全可靠的现代化基础设施体系

时间	会议	内容
2020 年 2 月 21 日	中央政治局会议	加大试剂、药品、疫苗研发支持力度,推动生物医药、医疗设备、5G 网络、工业互联网等加快发展
2020 年 3 月 4 日	中央政治局常务委员会会议	加快 5G 网络、数据中心等新型基础设施建设进度

资料来源:笔者根据赛迪智库整理所得。

31. "新基建"与"传统基建"的区别是什么?

"新基建"与"传统基建"的区别体现在以下三个方面:

(1)更突出支撑产业升级和鼓励应用先试。

"新基建"以产业作为赋能对象,通过数字化智能化改造,促进产业的数据驱动发展,并在超高清、智能制造、智能网联汽车、新能源汽车等前沿产业领域,完善应用环境,抢占产业发展先机。

(2)更突出政府对全环节的软治理。

"新基建"需要加强政府对规划、建设、运营、监管的全环节治理水平,增强投资动员能力,提升资金运用精准性,加强政策配套保障,实现舆情及时响应和监管开放透明,在实践中不断优化治理水平。

(3)更突出区域生产要素整合和协调发展。

"新基建"提升覆盖范围内数据资源、电力能源、人才的流动速度和参与程度,削弱了传统要素有限对经济增长的制约,推动技术、劳动等其他生产要素的数字化发展,不仅促进中心城市的产业创新,还有助于中小城市、农村地区的协调发展。[47]

32. "新基建"实施的意义是什么?

(1)支撑"两个强国"建设提供高速泛在的连接能力。

5G 及工业互联网等新型基础设施建设全面强化数据连接能力;高铁、轨道交通、特高压、新能源汽车充电桩等新型基础设施建设进一步补足经济社会能源连接。提供通用化平台型支撑服务。通用人工智能平台以及大数据中心建设为我国制造业转型升级提供需求载体与核心驱动力。打造安全可控的基础网络体系。以新型基础设施建设为抓手，补足信息技术短板，强化关键核心技术与产品的自研能力，对于我国抢抓新一轮产业变革机遇意义重大。[47]

（2）助力数字经济发展。

加速数字产业化。"新基建"可全面促进信息技术的市场化应用，推动数字产业形成和发展，催生新产业、新业态、新模式，最终形成数字产业链和产业集群。加速产业数字化。"新基建"对传统产业进行全方位、全角度、全链条的基础改造，有利于推动产业结构优化升级，实现对经济发展的放大、叠加、倍增效果。[47]

（3）加速构建智慧社会。

加快推进社会治理智能化。"新基建"促进市场监管、环境监管、政府服务、应急保障、公共安全等领域社会治理方式创新。有利于加速构建全面设防、一体运作、精确定位、有效管控的信息化社会治理体系。加快推进民生应用智能化。以新型基础设施建设为核心基础，促进智慧交通、智慧医疗、智慧教育等智能化公共服务体系共建共享，对于进一步增进人民福祉意义重大。[47]

"新基建"的意义不仅在于通过提供基础设施推动相应的新经济部门快速发展，更重要的是使经济社会不同领域，使更多的国民获得普遍化的新经济红利。在此轮技术革命浪潮中，数据无疑是最为关键的生产要素，但数据要素具有特殊属性，不能简单套用之前任何一种生产要素的激励和约束规则。数据要素存在互补性和专用性，也存在规模经济和外部经济。有效的数据往往依赖于多主体的系统生成，其生产效率既依赖于基础设施的匹配程度和建设水平，也依赖于企业的创新投入，其生产和使用效率往往涉及多个产权主体和多种异质性数据。既要避免数据垄断，打破数据壁垒，又要激励创新性的数据生产和数据使用。如何通过适宜的制度建设和制度创新。如数据要素相关的产权制度、数据的标准体系、数据的安全监管体系等，扩大数据要素的正外部性，提高数据生产和数据综合利用的效率，是放大数字生产要素效能的根本保证。[48]

33. "新基建"的建设内容是什么？

"新基建"建设投资围绕七大领域展开[47]，如表 1-5 所示。

表 1-5　　　　　　　　　　　"新基建"建设投资领域

领域	建设内容	目标
5G	①机房、供电、铁塔、管线等的升级、改造和储备； ②5G基站、核心网、传输等的基础网络设备研发与部署； ③5G新型云化业务应用平台的部署，与新业务以及各种垂直行业应用的协同； ④围绕5G的工业互联网新型先进制造网络环境，如物联网云、网、端等新型基础设施，围绕车联网的车、路、网协同的基础设施等	三大运营商预计年内建设超过55万个5G基站。2020~2022年，投资将逐步上升，到2025年，建成基本覆盖全国的5G网络，预计需要5G基站500万~550万个，以每个基站平均50万元计，直接拉动基站投资约2.5万亿元
大数据中心	①机房楼、生产管理楼等数据中心基础配套设施； ②传输光纤、互联网交换中心、数据服务平台等支撑数据中心发展网络及服务设施； ③IDC业务部署与应用协同； ④车辆网、卫星大数据等垂直领域的大数据研发及产业化项目	数据中心实现大型化、规模化发展，可满足我国快速发展的数据存储需求。到2025年，建成一定数量的大型、超大型数据中心和边缘数据中心
人工智能	①AI芯片等底层硬件发展； ②通用智能计算平台的搭建； ③智能感知处理、智能交互等基础研发中心建设； ④人工智能创新发展试验区建设	到2023年，建设20个左右新一代人工智能创新发展试验区
工业互联网	①工业互联网网络建设； ②工业互联网平台建设； ③工业互联网试点示范项目建设	到2025年，形成3~5家具有国际竞争力的工业互联网平台，实现百万工业App培育以及百万企业上云
特高压	换流站土建、电气设备安装、变电站扩建等	今年内在建和待核准特高压工程16条线路，具有明确投资规模7条
新能源汽车充电桩	充电场站、充电桩建设	2020年预计新增集中式充换电站超过1.2万座，分散式充电桩超过480万个。到2025年建成超过3.6万座充换电站，全国车桩比达1:1
高速铁路、轨道交通	通车线路建设	2020年拟通车线路14条，其中专线250和专线350各7条，通车里程有望达到3696公里

　　资料来源：笔者根据《国家新一代人工智能创新发展试验区建设工作指引》《关于深化"互联网+先进制造业"发展工业互联网的指导意见》《能源发展"十三五"规划》《电动汽车充电基础设施发展指南（2015~2020年）》以及公开采访等相关资料整理所得。

34. "新基建"的国内发展现状是什么？

我国"新基建"的发展现状如下：

（1）中央顶层设计，政策路线明朗。

2018 年至今，共有 7 次中央级会议或文件明确表示加强新型基础设施建设，党中央和国务院重视程度不断强化，相关政策路线图日趋清晰。国家持续密集部署新型基础设施，在于新型基础设施具备新时代的丰富内涵，既符合未来经济社会发展趋势，又适应中国当前社会经济发展阶段和转型需求，在补短板的同时将成为社会经济发展的新引擎。作为数字经济的发展基石、转型升级的重要支撑，新一代信息技术引领的新型基础设施建设已成为我国谋求高质量发展的关键要素。

（2）地方政府加紧行动，项目引领新基建实施。

根据 2019 年各地的政府工作报告，北京等 10 省份纷纷开始推动人工智能发展。北京等 7 省份表示要加强工业互联网的建设。辽宁等 6 省份提出发展物联网。辽宁、黑龙江、江苏、福建、安徽、河南、四川、广西等至少 8 省份提出加快 5G 商用步伐。湖北要求加快 5G 产业化进程；北京、湖南提出加快 5G 新型基础设施建设；根据 2020 年政府工作报告，上海将"提升新一代信息基础设施能级，推进 5G 网络市域全覆盖"；贵州提出"超前谋划、大力推进新型基础设施建设"；湖北将"加快 5G、工业互联网、冷链物流等新型基础设施建设"；内蒙古则"布局 5G 通信应用和大数据、区块链、物联网、人工智能等产业"；陕西提出"推动新一代信息技术、大数据、人工智能等新兴产业加快发展"。

（3）链条空间差异，研发应用有别。

东部省份占据新型基础设施产业上游，侧重基础研发与技术创新，具有显著的创新引领；中东部省份强调相关技术的产业化应用，突出经济导向。

2020 年，山东省政府工作报告提出"在新一代人工智能、云计算、大数据、智能机器人等领域，实施好 100 项左右重大科技创新工程项目"。江苏表示"加强人工智能、大数据、区块链等技术创新"。浙江声明"超前布局量子信息、类脑芯片、第三代半导体、下一代人工智能等未来产业……推进'1＋N'工业互联网平台体系建设……加快推进软件名城、新一代人工智能创新发展试验区等数字经济平台建设"。

　　2020 年海南省政府工作报告提出"运用大数据、云计算、人工智能、区块链等技术手段提升政府效能"。宁夏强调"加快人工智能、物联网、区块链等应用"。青海主张"推广应用物联网、云计算、大数据、区块链、人工智能等新一代信息技术"。湖南"力争在人工智能、区块链、5G 与大数据等领域培育形成一批新的增长点"。河南表示"在人工智能、新能源及网联汽车等领域实施一批重大项目,大力发展数字经济"。辽宁号召"推动人工智能、物联网、大数据、区块链等产业应用"。吉林省认为"通过云计算、大数据、物联网、人工智能推动传统产业改造提升……培育新业态新模式新经济,促进数字产业化、产业数字化"。山西表示"打造大数据等产业集群"。河北则提出"促进人工智能、区块链技术应用及产业发展,加快布局 5G 基站、物联网、IPv6 等新型基础设施"。天津号召"培育人工智能、网络安全、大数据、区块链、5G 等一批新兴产业集群"。广西侧重"推动人工智能、物联网、大数据、区块链等技术应用"。

　　(4) 技术渐趋成熟,商用落花结果。

　　5G 进入商用化阶段,相关基站与核心网设备的技术研发与产业化日趋成熟,符合商用功能的系统设备已研发投产,终端设备加速产业化,多领域商业化,主流运营商注重 5G 网络部署。人工智能关键技术,如机器学习、自然语言处理、计算机视觉、智适应技术、跨媒体分析推理技术日趋成熟,并逐渐改变商业领域的生态,集中体现在三个层面:企业面、行业面、人力面。工业互联网呈现出关键技术加速突破、基础支撑日益完善、融合应用逐渐丰富、产业生态日趋成熟的良好态势。领域内的巨头企业,也通过战略合作、投资并购等方式,加快工业互联网的应用和发展。大数据已成为国家战略,目前,我国已建立八个大数据综合试验区。大数据相关的新技术、新业态、新模式不断涌现,产业规模连续多年保持两位数的高速增长态势。新能源汽车已经上升至国家战略层面。经过多年的研究开发与示范运行,新能源汽车产业已具有完整的产业链,从原材料供应、电池、车辆控制器等关键零部件的研发与生产,到整车设计制造,以及充电基础设施的配套建设等,产业化基础比较成熟。特高压技术引领全球特高压技术变革,已形成较为完善的特高压电网运营网络,特高压线路长度、变电容量、输电能力等指标均得到稳步提升。我国是世界上高铁规模最大、技术最全、运行经验最丰富的国家。目前,高速铁路总里程有 2 万多公里,占世界高速铁路的 65%,位居全球第一,已远远超过世界其他国家高铁营业里程的总和。城市轨道交通方面,中国总运营里程稳居全球第一。[49]

35. "新基建"的国内政策目标是什么？

受新冠肺炎疫情的影响，我国总体经济不可避免地受到了短期冲击，因此，在全面建成小康社会的总目标下、在脱贫攻坚战的总任务下、在"十三五"规划的收官之年，推进重大项目落实完成、着力民生消费成为我国稳定经济增长的关键举措，也成为中央及多数地区共同的发展目标。[49]

（1）"新基建"政策目标一：稳投资。

消费、投资和出口是拉动经济的"三驾马车"，根据我国历年的国内生产总值的构成情况，消费和投资在我国经济增长方面发挥着关键的作用。2019年最终消费支出对我国国内生产总值的贡献率高达57.8%，而投资的贡献率也超过了30%。然而，2020年的新冠肺炎疫情不可避免地在一定程度上抑制了居民的消费需求，为了完成稳定经济增长和全面建成小康社会的目标，投资将成为主要驱动力。

基础设施投资是我国固定资产投资的主要来源之一，历年来占全社会固定资产投资的比例均超过了20%。虽然传统的基础设施建设投资在逆周期政策中发挥着重要的作用，但也给经济带来了产能过剩等一系列结构性的问题。2015年11月中央提出供给侧改革，旨在优化产业结构、提高产业质量，此后一系列产业升级、科技创新的政策不断出台。此次新型基础设施建设将是推动我国高质量发展的重要支撑，在经济转型升级的过程中将扮演着重要的角色。5G、人工智能、工业互联网、物联网等新型基础设施建设将产生长期性、大规模的投资需求，拉动有效投资的新增量，将在促内需和稳投资中发挥重要作用。

（2）"新基建"政策目标二：数字化转型。

纵观新型基础设施建设七大领域，可以分为两大类，一是布局5G网络、工业互联网、人工智能、大数据等为代表的新型基础设施建设；二是推动交通、能源等传统基础设施升级。一方面，5G基建、工业互联网、人工智能和大数据中心是以数字化信息网络为核心的基础设施，为构建智慧化社会、数字化产业奠定了基础。另一方面，新型基础设施建设所涵盖的新兴技术，将带动国民经济各行业的生产基础设施向数字化、网络化、智能化转型，从而有效推动我国各行业技术创新、产业创新和商业模式创新，促进新业态、新模式的发展，成为拉动新一轮经济增长的新动能和带动产业升级的新增长点。

（3）"新基建"政策不足点：配套政策缺失。

新型基础设施建设的"新"体现在新产业、新技术、新经济、新业态、新模式，因此，从政府层面上看，用地、用能和资金等配套政策应加紧落实。例如，在资金使用方面，传统的财政政策、货币政策、金融政策可能难以满足新的投资模式需求，需要积极实行财政政策和金融政策的合理调整和变动，同时规范并推动政府和社会资本合作（PPP）融资模式，引进私人资本提高效率，拓宽融资来源。此外，各地区应做好需求预测和合理规划，加强规划统筹，避免资源错配，结合自身经济发展基础和产业发展水平情况，引导企业理性投资，避免投资过热行为或重复建设行为，避免无效或低效的投资，出现产能闲置现象，造成大量投资闲置浪费。

从行业层面上看，"新基建"的应用涉及国民经济各个行业之间乃至全社会经济的数字化体系建立。类似于电商平台的运营，消费者对商品的评价、商家和消费者之间及商家与平台之间的信用体系等方面均需要建立完善的数据体系，才能彻底实现数字经济的变革。同样，在"新基建"领域，众多新一代信息技术、网络技术、智能技术的良好应用和有效发力均离不开相关配套体系的确立。

从企业层面上看，管理模式、劳动分工、薪酬分配、市场机制、考核机制、组织架构等多个方面的配套政策均应及时制定和管理，推动新型基建企业管理水平的提升。目前，相当一部分企业仍欠缺数字化的思维模式和在管理、运营、服务、市场、推广、销售等方面的完整体系，因此，"新基建"更应该为具体企业提供服务，从而带动整体经济向数字化和智能化转型。

本章参考文献

［1］Viktor Mayer – Schönberger, Kenneth Cukier. Big Data：A Revolution That Will Transform How We Live, Work and Think［M］. Hodder, 2013 – 02.

［2］中国信息通信研究院：《大数据白皮书（2019 年）》，第 22～24、41～42 页。

［3］王珊、萨师煊：《数据库系统概论（第 5 版）》，高等教育出版社2014 年版，第 4 页。

［4］田跃：《新闻定义新探——新闻是经过加工和解释的、真实的、及时的、有价值的信息》，载于《法治与社会》2018 年第 7 期，第 69～71 页。

［5］窦勇：《数据、信息、知识、智慧——浅析大数据产业投资》，载于《软件和集成电路》2018 年第 8 期，第 28～29 页。

〔6〕黄璜：《数字政府的概念结构：信息能力、数据流动与知识应用——兼论 DIKW 模型与 IDK 原则》，载于《学海》2018 年第 4 期，第 158～167 页。

〔7〕黄炜、徐用吉、林清华：《"比特"与"字节"单位符号规范化标注建议》，载于《编辑学报》2007 年第 2 期，第 104～105 页。

〔8〕许子明、田杨锋：《云计算的发展历史及其应用》，载于《信息记录材料》2018 年第 8 期，第 66～67 页。

〔9〕李文军：《计算机云计算及其实现技术分析》，载于《军民两用技术与产品》2018 年第 22 期，第 57～58 页。

〔10〕中国信息通信研究院：《云计算发展白皮书（2019 年）》，第 36～42 页。

〔11〕陈丰乐：《大数据与云计算的关系及其对通信行业的影响》，载于《中国新通信》2020 年第 13 期，第 8～10 页。

〔12〕中国信息通信研究院和可信区块推进计划：《区块链白皮书（2019年）》，第 44～47 页。

〔13〕许缦：《区块链技术下基于大数据的共享经济发展研究》，载于《统计与管理》2020 年第 12 期，第 63～69 页。

〔14〕邵长恒、陈宝利：《构建数字经济社会发展新生态的思考——基于"区块链＋大数据"的统筹融合发展》，载于《贵阳学院学报（社会科学版）》2020 年第 5 期，第 51～56 页。

〔15〕贾益刚：《物联网技术在环境监测和预警中的应用研究》，载于《上海建设科技》2010 年第 6 期，第 65～67 页。

〔16〕甘志祥：《物联网的起源和发展背景的研究》，载于《现代经济信息》2010 年第 1 期，第 157～158 页。

〔17〕陈天超：《物联网技术基本架构综述》，载于《林区教学》2013 年第 3 期，第 64～65 页。

〔18〕中国信息通信研究院：《物联网白皮书（2018 年）》，第 64～65 页。

〔19〕A. M. Turing, *Computing machinery and intelligence*, Mind 59 (1950) 433.

〔20〕M. Minsky, *The society of mind* (New York, Simon and Schuster, 1986).

〔21〕H. A. Simon, *The sciences of the artificial* (Cambridge, MIT Press, 1969)

〔22〕中国信息通信研究院，中国人工智能产业发展联盟：《人工智能发

展白皮书——产业应用篇（2018 年）》，第 1 页。

[23] 中国信息通信研究院：《2018 世界人工智能产业发展蓝皮书》，第 5 页。

[24] 赵昌文、陈春发、唐英凯：《科技金融》，北京：科学出版社 2009 年版，第 26 页。

[25]《重视金融科技在金融发展中的作用》，载于《光明日报》2018 年 11 月 20 日 11 版。

[26] 周一青、潘振岗、翟国伟等：《第五代移动通信系统 5G 标准化展望与关键技术研究》，载于《数据采集与处理》2015 年第 4 期，第 714 ~ 724 页。

[27] 金辉：《5G 移动通信网络关键技术综述》，载于《通讯世界》2019 年第 6 期，第 109 ~ 110 页。

[28] 孙松林：《5G 时代：经济增长新引擎》，中信出版社 2019 年版，第 167 页。

[29] 裴亮：《5G 技术在物联网领域的实践探讨》，载于《电子世界》2020 年第 21 期，第 5 ~ 6 页。

[30] 黄剑：《探讨人工智能在 5G 通信领域上发展研究》，载于《数字通信世界》2020 年第 9 期，第 67 ~ 69 页。

[31] 中国信息通信研究院云计算与大数据研究所：《"5G + 金融"应用发展白皮书（2019 年）》，第 2 页。

[32] 大数据战略重点实验室：《重新定义大数据》，机械工业出版社 2017 年版，第 8 ~ 15 页。

[33] 王峰、闫汇、刘圆：《冷数据存储研究》，载于《电信技术》2017 年第 6 期，第 22 ~ 24 页。

[34] 陈刚：《什么是数字化?》，载于《广告大观（理论版）》2018 年第 4 期，第 1 页。

[35] 孙杰：《三问数字化转型——什么是数字化? 转什么? 塑什么型?》，载于《信息化建设》2020 年第 4 期，第 52 ~ 54 页。

[36] 蒋盛益、李庆华、李新：《数据流挖掘算法研究综述》，载于《计算机工程与设计》2005 年第 5 期，第 1130 - 1132、1169 页。

[37] 朝乐门、邢春晓、张勇：《数据科学研究的现状与趋势》，载于《计算机科学》2018 年第 1 期，第 1 ~ 13 页。

[38]《块数据 4.0——人工智能时代的激活数据学》，载于《领导决策信息》2018 年第 21 期，第 18 ~ 19 页。

[39] 郑磊：《开放不等于公开、共享和交易：政府数据开放与相近概念

的界定与辨析》，载于《南京社会科学》2018 年第 9 期，第 83 ~ 91 页。

［40］周俊：《以整体智治消除基层 "数据烟囱"》，载于《国家治理》2020 年第 30 期，第 24 ~ 26 页。

［41］程骏超、张驰、何元安：《区块链技术在跨部门海洋数据共享中的应用》，载于《科技导报》2020 年第 21 期，第 60 ~ 68 页。

［42］李言飞：《数据湖架构在健康大数据科学计算应用中的构想》，载于《中国卫生信息管理杂志》2020 年第 4 期，第 533 ~ 537 页。

［43］谢裕清、王渊、江樱、杨苗、王永利：《便于数据共享的电网数据湖隐私保护方法》，载于《计算机工程与应用》2020 年第 2 期，第 113 ~ 118 页。

［44］张超：《区块链的治理机制和方法研究》，载于《信息安全研究》2020 年第 11 期，第 972 ~ 981 页。

［45］赛迪智库大数据产业形势分析课题组：《2021 年中国大数据产业发展趋势》，载于《中国计算机报》，2021 年 3 月 15 日 13 版。

［46］高芳：《全球大数据发展的新动向与新趋势》，载于《光明日报》2018 年 5 月 28 日 12 版。

［47］赛迪智库电子信息研究所：《"新基建" 发展白皮书》，2020 年 3 月，第 1 ~ 5 页。

［48］杨虎涛：《新基建的新意义》，载于《红旗文稿》2020 年第 10 期，第 24 ~ 26 页。

［49］赛迪研究院政策法规研究所、产业政策研究所：《"新基建" 政策白皮书》2020 年 4 月，第 1 ~ 20 页。

第 2 章

数 字 政 府

36. 政务大数据的研究热点有哪些内容？

（1）大数据时代，包含的核心关键词是大数据技术、行政记录、政府统计数据、大数据分析等，主要概述了大数据时代冲击带来的政府行为改变。

（2）电子政务，核心关键词包含云计算、信息共享、政府决策、应急管理、公共安全、互联网＋、政府治理、人工智能、精准分析、数据整合、竞争情报和智慧城市等，主要概述了 IT 技术发展给电子政务带来的变革。

（3）国家治理，核心关键词包括公共政策、教育治理、数据治理、智慧治理、智慧社会、新常态、公共管理、区块链、公众参与、智慧政府和协同治理等，主要研究了国家治理和政府治理等内容。

（4）政府数据，核心关键词有开放数据、大数据治理、地方政府、政府数据开发、共享经济、数据共享、政府大数据、政府改革、信息自由和创新创业等，研究聚焦在政府开放数据，以及数据为个人、企业、社会提供的服务和价值增值。

（5）个人信息，核心关键词是数字政府、政务服务、用户数据、隐私权、隐私保护、DT 时代（DT 是 data technology 的英文缩写，意为数据处理技术）、云上政府、在线公共服务、信息传播平台、职责体系和电子证照等，研究主题关注的是政府管理视角下的个人信息及隐私保护问题。

（6）数据主权，核心关键词是网络空间、云时代、数据权、大数据战略、信息主权、产业联盟和媒介主权等，主要探讨在大数据、云计算背景下的国家数据主权问题[1]。

37. 数字政府包含哪些内容?

"数字政府"(digital government)又被称为虚拟政府(virtual government)或电子政府(electronic government),是指在计算机、网络通信等信息技术的支撑下,实现日常办公、信息收发、公共管理等政府事务的数字化、网络化的一种现代行政管理模式,并在这种模式的基础上实现对社会各类信息的分解、分类及利用的枢纽。

数字政府的意蕴,不仅限于技术层面的突破,更重要之处在于推动了政府理念的革新、政府职能的转变和政府体制的重塑。数字政府建设的终极目的,在于把集中管理、分层结构、在工业经济中运行的管理型的大政府,变革为适应虚拟的、全球性的、以知识为基础的信息经济的无缝隙的、网络化的服务型政府。

"数字政府"建设突破传统业务条线垂直运作、单部门内循环模式,以管理、服务、协同和支撑为职能线,以营商环境、生态文明、城市运营、民生保障、行政效能和公共支撑为业务线,构建纵横贯通的整体型"数字政府"业务体系。主要内容如下:

营商环境:优化市级办事大厅、功能区及政务服务中心、镇街级综合服务中心和村(社区)党群服务中心政务服务资源配置,创新政务服务供给方式,基于一体化政务服务平台,建设企业身边的综合服务中心,实现跨部门、跨层级的线上"一网通办"、线下"一窗受理",构建良好的营商环境。

生态文明:以技术监测、数据感知重点推进水务、林业的生态文明管理系统创新,构建政府主导、企业主体、社会参与的环境治理体系,为推进生态文明建设提供强有力的技术支持。

城市运营:加快城市交通、城管、应急、综合治理等领域数据集中和共享,深化城市部件感知、趋势感知、事件处置、决策辅助,促进城市精细化管理,提升城市运营信息监测、研判、分析、决策能力。加快推进市场监管应用和社会治理应用等综合监管数据的归集共享,有序推进"互联网+监管"建设,形成联合监管、重点监管、信用监管、协同监管。

民生保障:有效发挥信息化在教育、医疗、社区、养老等服务中的作用,促进公共资源优化配置,信息化创新成果与民生保障深度融合,形成线上线下协同、服务监管统筹的移动化、整体化、普惠化、人性化服务能力。

行政效能：以大系统理念从协同办公、电子监察等方面提升行政效能，采取统一规划建设、部门一体化使用的方式，推动"整体政府"业务协同，推进政府内部业务流程整合优化。

公共支撑：为公共服务和政府内部能力提升类政务应用，提供物联网连接管理、视频融合、人工智能等技术手段支撑。[2-3]

38. 我国数字政府建设情况如何？

当前我国数字政府建设已进入全面提升阶段，数字政府成为推进服务型政府建设的重要抓手、一体化政府建设的重要助推器、提升治理智慧化水平的重要工具。但通过评估也发现数字政府建设过程中还存在一些需要引起关注的问题，建议从完善统筹协调工作机制、深化网上政务服务建设、强化数据资源开发利用、健全考核评估制度方面，持续推进数字政府服务能力建设。

（1）数字政府建设进入全面提升阶段服务能力评估面临融合跨域新态势。

党的十九届四中全会通过的《决定》明确提出，"建立健全运用互联网、大数据、人工智能等技术手段进行行政管理的制度规则，推进数字政府建设，加强数据有序共享，依法保护个人信息。"新时期数字政府建设改变了过去分散建设、单部门建设模式，重点从组织扁平化、业务协同化、数据共享化改革入手，重塑组织架构、业务架构、技术架构，最终目标是建成线上线下融合的一体化服务型政府。这一时期数字政府建设的核心使命是支撑国家治理体系和治理能力现代化，基本目标是对内推动政府系统性、协调性变革，对外建设人民满意的服务型政府；关键环节是实现技术融合、业务融合、数据融合，重点方向是实现跨层级、跨地域、跨系统、跨部门、跨业务的协同管理和服务建设。

（2）数字化成为推进服务型政府建设重要抓手。

数字政府建设在创新政府管理和服务模式、提升行政管理和服务效率、提高政府公信力和执行力、改进优化营商环境方面发挥的作用越来越明显。数字政府建设成为政府以信息化推动政府治理体系和治理能力现代化，提高管理和服务一体化、便捷化、智能化水平，建成人民满意服务型政府的重要抓手。

①深化政务公开、强化政策解读和舆情引导，提升政府透明度和公信力。

②创新政务服务方式，让人民群众更有获得感。

③打造政民互动直通车，提升政府治理权威性。

（3）数字政府成为一体化政府建设的重要助力。

一些地区结合国家机构改革在管理体制、运行机制等方面积极探索创新，通过打造服务新平台、构建新机制、拓展新渠道，提升政府履职能力，推动实现政府由分散服务向整体服务转变、由单部门办理向多部门协同办理转变，间接推动一体化整体政府建设。

①集约化建设促进行政成本降低、行政效率提升。

②线上线下互补建设促进实体政府与虚拟政府融合发展。

③"一体多翼"服务格局让公众获取服务更便捷。

（4）数据智慧赋能成为数据治理新模式。

基于大数据支撑，重视算法驱动作用，建立健全运用人工智能、互联网、大数据等信息技术手段进行行政管理，通过数据智慧赋能，聚焦数据治理，解决数字资源、数据资产、数据资本跃升，成为优化政府职责体系重要手段。

①数据赋能，促进政府治理能力提升。

②深化技术创新，提升政府治理智慧化水平。[4]

39. 我国有哪些省份已经成立了大数据局？

截至 2021 年 6 月我国已有 24 个省份成立了大数据管理机构，如表 2 - 1 所示，管理职责基本与组织、协同、推进政务数据资源共享与开放、推进"数字经济"和"数字社会"的发展有关。

表 2 - 1　　　　　　　　各省份大数据局汇总

成立日期	机构
2017 年 1 月	内蒙古大数据发展管理局
2017 年 2 月	贵州省大数据发展管理局
2018 年 1 月	江西省大数据中心
2018 年 2 月	江苏省大数据管理中心
2018 年 4 月	上海市大数据中心
2018 年 7 月	天津市大数据管理中心
2018 年 7 月	辽宁省信息中心（大数据中心）
2018 年 10 月	福建省大数据管理局
2018 年 10 月	山东省大数据局
2018 年 10 月	吉林省政务服务和数字化建设管理局

续表

成立日期	机构
2018 年 10 月	浙江省大数据发展管理局
2018 年 10 月	广东省政务服务数据管理局
2018 年 11 月	重庆市大数据应用发展管理局
2018 年 11 月	北京市经济和信息化局（大数据管理局）
2018 年 11 月	广西壮族自治区大数据发展局
2018 年 11 月	河南省大数据管理局
2018 年 12 月	安徽省数据资源管理局
2019 年 5 月	黑龙江省政务大数据中心
2019 年 5 月	海南省大数据管理局
2019 年 6 月	山西省大数据中心
2019 年 7 月	四川省大数据中心
2018 年 10 月	陕西省工业和信息化厅（政务数据服务局）
—	河北省大数据中心（信息资源管理中心）
—	湖北大数据中心

资料来源：笔者根据各省份政府网站数据整理所得。

40. 大数据治国是什么？

近几年来，我国政府给予大数据极大的关注及支持，大数据已经上升为国家战略。2015 年国务院发布的《促进大数据发展行动纲要》指出：坚持创新驱动发展，加快大数据部署，深化大数据应用，已经成为稳增长、促改革、调结构、惠民生和推动政府治理能力现代化的内在需求和必然选择；2017 年，《大数据产业发展规划（2016 - 2020 年）》正式发布，指出要全面部署"十三五"期间大数据产业开展工作，加快建设数据强国；习近平主席向 2018 中国国际大数据产业博览会致贺信中提到要秉持创新、协调、绿色、开放、共享的发展理念，围绕建设网络强国、数字中国、智慧社会，全面实施国家大数据战略，助力中国经济从高速增长转向高质量发展；2018 年两会期间，李克强总理在政府工作报告中指出深入开展"互联网 +"行动，实行包容审慎监管，推动大数据、云计算、物联网广泛应用，新兴产业蓬勃发展；十八届三中全会将"推进国家治理体系和治理能力现代化"列为全面深化改革的总目标；党的十九届四中全会提到"建立健全运用互联网、大数据、人工智能等技术手段进行行政管理的制度规则"。

大数据治国具体是指通过对数据的整理与分析，政府管理者预测民众的下一步公共服务需求，进而提供更加智能与高效率的管理和服务，促进国家和社会发展。大数据不仅是一种海量的数据状态及其相应的数据处理技术，更是一种思维方式、一项重要的基础设施、一个影响整个国家和社会运行的基础性社会制度。它是治理交通拥堵、雾霾、看病难、食品安全等"城市病"的利器，更将为政府打开了解社情民意的政策窗口，大数据是信息化发展到一定阶段的体现，更多的生活生产以数据形式记录下来。随着信息分析和数据挖掘技术的使用，这些生活数据有了用武之地。

目前大数据治国要求做好顶层设计，转变思维，推动政府部门间数据共享和开放，自主掌握大数据核心技术，走出中国特色的大数据治国之路[5-6]。

41. 数据铁笼是什么？

所谓"数据铁笼"是指运用大数据融合分析技术，把能够纳入网络的行政权力借助云计算系统平台全部纳入网络平台运行，通过优化、细化、固化权力运行流程、办理环节和制定统一的数据技术标准，合理、合法地分配各项职责，实现办公、审批、执法三者的网络化，实现权力运行可追踪、可溯源，让权力清晰、透明、规范运行，并置于社会公众的监督下。"数据铁笼"是以块数据为核心的新技术、新服务、新范式，是权力运行和制约权力并以信息化、数据化、自流程化、融合化为核心的自组织系统工程。

案例：过去，贵阳市住房和城乡建设局窗口业务办理积压许多"过快件"和"超期件"，存在公职人员权力寻租或者不作为、乱作为的风险。"数据铁笼"试运行以来，该局对业务流程实行全记录，形成对权力的有效制约。通过在登记大厅同步搭建窗口视频监控系统，实现了对工作人员业务办理和业务受理进度的全程监控记录[7]。

42. 监管沙盒是什么？

监管沙盒（regulatory sandbox）的概念由英国政府于 2015 年 3 月率先提出。按照英国金融行为监管局（FCA）的定义，"监管沙盒"是一个"安全空间"，在这个安全空间内，金融科技企业可以测试其创新的金融产品、服务、商业模式和营销方式，而不用在相关活动碰到问题时立即受到监管规则的约束。再直白一点就是，监管者在保护消费者和投资者权益、严防风险外溢的前提下，通过主动合理地放宽监管规定，减少金融科技创新的规则障碍，鼓励更多的创新方案积极主动地由想法变成现实，在此过程中，能够实现金融科技创新与有效管控风险的双赢局面。[8]

43. 如何运用大数据进行公共安全管理？

（1）大数据是进行风险治理和处置的重要资源。

大数据是一种资源的集合体，大数据技术是一种运用能力。我们之所以称现在为大数据时代，主要是指在这一特定历史阶段，这类资源的集合体达到前所未有的广度、这类运用大数据的技术能力达到相当的高度。这种能力和水平可运用到社会生活的方方面面，其中的一个重要领域就是风险治理。它对风险治理的作用也体现在多个环节，包括识别风险、分析风险、资源储备、隐患排查、领导决策等环节。可以说，公共安全的风险治理面临着前所未有的机遇，善于利用有关大数据，会对风险治理的效率提高起到较大的促进作用。

（2）大数据是实现多部门协同进行风险治理的重要资源。

众所周知，公共安全治理包括源头和风险治理、监测和预警活动、应急处置和恢复重建等几个阶段，每一个阶段的工作都需要政府各个部门、政府与各类组织及个人的协调作战。特定组织和个人在法律有明确规定的情况下，也可能成为行政应急措施的实施者。作为整个治理链条中的首个环节，风险的排查和管理，既有个性特点和要求，也有共性规律和方法。其中，综合性运用多种手段是其重要措施，这种综合性的手段包括治理主体的全员性、方式方法的多元性、时间空间的结合性、多个部门的协调性等，这种综合性的黏合剂就是大数据，或者说，利用大数据可以融合、沟通多个领域，实现整体合力的有效发挥。

（3）在提高风险治理效率方面，大数据的作用不可或缺。

治理效率的提高手段包括多个方面，比如：主体的主动性、技术的先进性、时间的超前性、资源的丰富性、信息的全面性等，其中信息的全面性是极其重要的方面，许多案例表明，面对不甚了解的风险，信息的缺乏、片面是致命的，它会导致后续的治理无处下口。而大数据恰恰弥补了这一短板，对治理主体而言，可以利用大数据制定合理的对策、应对措施，对民众而言，可以利用大数据了解相关知识，做出有效的预判和应对抉择。[9]

44. 大数据安全是什么？

科学技术是一把"双刃剑"，大数据所引发的安全问题与其带来的价值同样引人注目。在实现大数据集中后，如何确保网络数据的完整性、可用性和保密性，不受到信息泄漏和非法篡改的安全威胁影响，已成为政府机构、事业单位、企业和各类社会团体信息化健康发展所要考虑的核心问题。

（1）大数据生命安全周期。

数据采集阶段：因数据来源分散，环境复杂等原因，数据采集器可能被伪造或者破坏，导致数据的真实性和完整性受到破坏。

数据存储阶段：在数据存储阶段最容易遭到攻击，包括被窃取、被删除或者被篡改。

数据传输阶段：大数据传输的流量大，传输通道多，因此，在传输阶段，如果传输通道没有保护措施，数据就很容易被窃取，若未加可靠的加密措施，会产生数据泄露问题。

数据应用阶段：在大数据应用阶段（包括数据处理、分析、计算、共享），数据在种类繁多的平台和应用系统中流动，攻击者通过攻击系统或者应用的漏洞，或者应用社会工程学手段，都可能窃取数据。

结合目前的研究来看，通过技术手段与相关政策法规等相结合，才能更好地解决大数据安全与隐私保护问题。

（2）大数据安全核心技术。

数据发布匿名保护技术：对于大数据中的结构化数据（或称关系数据）而言，数据发布匿名保护是实现其隐私保护的核心关键技术与基本手段，目前仍处于不断发展与完善阶段，最典型的是 K 匿名方案。

社交网络匿名保护技术：通过用户所知的秘密，例如口令，或者持有的凭证、数字证书来鉴别用户。

数据水印技术：数字水印是指将标识信息以难以察觉的方式嵌入在数据载体内部且不影响其使用的方法，多见于多媒体数据版权保护。

数据溯源技术：数据集成是大数据前期处理的步骤之一。由于数据的来源多样化，所以有必要记录数据的来源及其传播、计算过程，为后期的挖掘与决策提供辅助支持。

角色挖掘：基于角色的访问控制（RBAC）是当前广泛使用的一种访问控制模型。通过为用户指派角色、将角色关联至权限集合，实现用户授权、简化权限管理。[10-11]

45. 数据主权是什么？

数据主权是指国家对其政权管辖地域内的数据享有的生成、传播、管理、控制、利用和保护的权力。它是国家主权在信息化、数字化和全球化发展趋势下新的表现形式，是各国在大数据时代维护国家主权和独立，反对数据垄断和霸权主义的必然要求。

其内容主要包括以下两方面：一是数据管理权，即一国对本国数据的传出、传入和对数据的生成、处理、传播、利用、交易、储存等的管理权，以及就数据领域发生纠纷所享有的司法管辖权；二是数据控制权，即一国对本国数据采取保护措施，以免数据遭受被篡改、伪造、毁损、窃取、泄露等危险，从而保障数据的真实性、完整性和保密性。

其中，对数据跨国流通的管理和控制是数据主权的重要内容。数据的跨国流通是数据主权产生的前提，但主权国家行使数据主权并不意味着对数据实行完全控制，而是要坚持数据自由流通和合理限制原则，以实现管制与数据流通自由之间的合理平衡。对数据跨国流通做出的限制以及限制的内容应该合法。此外，并非仅基于法律原因而限制数据跨国流通，基于社会的基本秩序和基本的正义观念也可以进行限制。[11]

46. 数权法是什么？

"数权法"一词是大数据战略重点实验室主任连玉明教授2017年3月首次提出后，中国全国科学技术名词审定委员会正式认定。数权法是工业文明迈向数字文明的重要基石，是调整数据权属、数据权利、数据利用和数据保护的法律规范。

其中，数权的本质是共享权，具有私权属性、公权属性和主权属性，是人格权与财产权的综合体，其主体是特定权利人，客体是特定数据集，数权突破了"一物一权"和"物必有体"的局限，往往表现为一数多权。[12]

本章参考文献

［1］铁金、刘光昊、刘苑、冯鑫：《国内政务大数据研究热点分析》，载于《中国管理信息化》2019 年第 22 卷第 12 期，第 116～117 页。

［2］孙志建：《数字政府发展的国际新趋势：理论预判和评估引领的综合》，载于《甘肃行政学院学报》2011 年第 3 期，第 32～42、127 页。

［3］戴长征、鲍静：《数字政府治理——基于社会形态演变进程的考察》，载于《中国行政管理》2017 年第 9 期，第 21～27 页。

［4］吴志刚，崔雪峰，周亮：《我国数字政府建设现状及发展趋势探析》，载于《现代工业经济和信息化》2020 年第 7 期，第 6～9 页。

［5］李婧怡、陈亚：《〈大数据治国时代的来临〉与政府社会治理》，载于《唯实（现代管理）》2014 年第 11 期，第 16 页。

［6］大数据战略重点实验室：《"数据铁笼"：技术反腐的新探索》，载于《中国科技术语》2018 年第 20 卷第 4 期，第 74～77 页。

［7］胡滨、杨楷：《监管沙盒的应用与启示》，载于《中国金融》2017 年第 2 期，第 68～69 页。

［8］陈淑智：《大数据时代的公共安全与风险治理研究》，载于《传媒论坛》2018 年第 15 期，第 49～51 页。

［9］冯登国、张敏、李昊：《大数据安全与隐私保护》，载于《计算机学报》2014 年第 37 卷第 11 期，第 249 页。

［10］徐海耕：《大数据时代面临的信息安全机遇和挑战》，载于《通讯世界》2020 年第 27 卷第 1 期，第 196～197 页。

［11］齐爱民、盘佳：《数据权、数据主权的确立与大数据保护的基本原则》，载于《苏州大学学报（哲学社会科学版）》2015 年第 36 卷第 1 期，第 64～70、191 页。

［12］《数权法 1.0：数权的理论基础》，载于《领导决策信息》2019 年第 21 期，第 18～19 页。

第 3 章

数 字 经 济

47. 数字经济是什么?

数字经济是指以使用数字化的知识和信息作为关键生产要素、以现代信息网络作为重要载体、以信息通信技术的有效使用作为效率提升和经济结构优化的重要推动力的一系列经济活动。[1]

《中国数字经济发展白皮书(2020)》认为:数字经济是以数字化的知识和信息作为关键生产要素,以数字技术为核心驱动力,以现代信息网络为重要载体,通过数字技术与实体经济深度融合,不断提高数字化、网络化、智能化水平,加速重构经济发展与治理模式的新型经济形态。[2]

48. 共享经济是什么?

共享经济(sharing economy)是指拥有闲置资产(有形实物资产和无形资产)的机构或个人通过共享市场有偿让渡资产的短暂使用价值,利用网络共享平台进行交易以获得一定经济回报,交易对象是闲置资产的临时使用权而不是永久所有权,具体涵盖房屋/空间、车辆、食品、知识/经验/时间、劳动力、资金等交易类别。这一概念体现四个关键特征:一是共享经济凸显经济性目的;二是共享市场下交易行为具有短暂性,不同于传统交易市场下买卖双方所有权的永久转移;三是交易基于移动及互联网共享经济平台,平台发挥着中介角色且利用信息技术与人工智能(机器学习与深度学习)匹配交易双方;四是资产权属性质及消费偏好范式发生转变。从商业生态系统角度来看,共享经济主体涵盖平台参与主体、平台的外部竞争者及外部监管机构等[3]。

共享经济的概念最早由美国得克萨斯大学社会学教授马科斯·费尔逊和伊利诺伊大学社会学教授琼·斯潘思共同首次提出，他们以"协同消费"描述了一种新的生活消费方式，其主要特点是：个体通过第三方市场平台实现点对点的直接的商品和服务的交易。[4]

49. 通证经济是什么？

通证是一种虚拟的数字凭证，目前仅存在于区块链的世界里。它就像人类在生产、储蓄、交换、分配等各项活动中通行的证明，是一种身份、一种权利、一种价值的载体、一种关系的纽带，拥有了它就可开展各项活动，就可以使用、处理、分配一切物资。

所谓通证经济，是指借助通证这一加密数字资产的金融属性，把标准或者非标的商品及服务进行通证化映射，让它们在区块链的空间内进行低摩擦甚至零成本的交易和切割，将数字资产的金融属性充分衍生出来。

常见的通证有两种，分别是功用通证和证券通证。

功用通证（utility token），也称为用户通证，它不是为投资而设计的，只是为用户提供对产品或服务的访问权。例如，Filecoin 通过销售代币筹集了 2.57 亿美元，这些代币将为用户提供访问其分散式云存储平台的权限。因为术语 ICO 是 IPO（首次公开发行）的衍生物，所以功用通证创建者通常将这些众包/众融行为，称为通证生成事件（TGE）或通证分发事件（TDE），来避免监管机构认为他们参与了证券发行。

证券通证（security token）。如果加密通证从外部可交易资产中获取了价值，则其被归类为证券通证并受到法规的约束。比如在线零售商 Overstock 最近宣布，其投资的 tZERO 公司将持有一个 ICO，以资助开发经许可的证券通证交易平台。tZERO 代币将根据美国证券交易委员会（SEC）的规定发行，代币持有人将有权从 tZERO 平台的利润中获得季度股息。许多行业观察家认为，主流公司有一天会通过 ICO 发行股票，以代替传统的公开募股。

两种通证的比较。尽管二者有较多的相似性，但也有明显的差别，各有优缺点。进行专业性解释很复杂，如果简单描述可以这样来表达——功用通证类似于产品预售，而证券通证类似于股权投资。[5]

50. 区块链和通证经济的关系是什么？

区块链诞生于比特币系统中，是一种去中心化、公开、不可篡改的底层数据存储技术。尽管"区块链有没有通证，都是区块链；通证有没有区块链，都是通证"，但不可否认，二者是最佳的"生态伙伴"，如果说通证是一种可流通的凭证，那么有了区块链技术的依托以及互联网平台的加持，通证就不单单是作为可流通的凭证独立存在了，而是基于固有及内在价值存在于实体经济中。

通证是区块链技术最有价值的应用，而区块链为通证经济运行提供了系统性的安全保证。

通证经济以通证为激励方式，借助区块链平台工具，完成了生产、分配、交换、消费等一系列经济活动，简言之，就是借助通证的加密数字化属性，以激励机制来改变生产关系的价值驱动经济模式。它脱胎于市场经济，本质是社会生产关系的变革，是社会分工细化与规范化下更高级的社会生产交换形式。[6]

51. "新基建"对数字经济的作用是什么？

"新基建"关键作用在于加速数字经济而不是拉动国内生产总值（GDP）。

"铁公基"等传统基建对 GDP 的拉动效应十分显著。"新基建"的拉动作用则未必明显，其价值更多体现在促进数字经济高质量发展、培育新动能等方面。主要是以下两个方面的原因：一是数字经济发展对线下活动存在一定的替代效应。尽管数字经济规模发展很快，其中不仅有对线下的替代，还有很多新增部分。但是它毕竟不像前几次工业革命对纯新增投资的大规模拉动那样显著，其"创造性破坏"的意味更加浓厚。二是数字经济大规模提升了社会总福利，尤其是消费者剩余，但是很多不体现在 GDP 上。这方面的研究文献已经比较多了，一个共同认识是：GDP 难以反映数字经济的贡献，应该有更好的宏观指标来衡量数字经济贡献，可以称之为数字经济的"GDP 悖论"。美国布鲁金斯学会指出："数字产品通常对用户免费，因此他们对福祉的贡献被排除在 GDP 之外。但是，除了 GDP 数据以外，我们在世界各地都看到了数字革命带来的实际好处。"[7]

52. 数字货币是什么？ 现有的主流数字货币有哪些？

广义的数字货币泛指一切以电子形式存在的货币；狭义的数字货币指的是纯数字化的货币，它不需要物理载体。由于数字货币的发行者不同，因此可以被分为私人发行的不受法律保护、在虚拟网络社区流通的数字货币和中央银行发行并进行监管的法定数字货币。

伴随着密码技术的研究和发展，近期大量电子货币涌现，比特币、莱特币、以太坊等数字货币在全世界范围内流行，元宝币、福源币等数字货币则在中国的部分金融、贸易机构推广使用，数字货币使用的区块链技术分布式记账法成为各界研究关注的焦点。[8]

目前，中国人民银行是世界上第一家表示要发行数码货币的官方机构。[9]

53. 数据垄断是什么？

数据具有多属性，在以所有权归属为基准的维度上至少包括私人（含个人与企业）、社会和国家三类，如果以数据所有权的归属结构为基点，则数据垄断是指对数据本身的排他性占有和绝对性控制。这种垄断与数据的来源紧密关联，互联网企业只有控制数据产生的源头，才可能排他性占有数据及派生利益。[10]

54. 数字商务和电子商务的定义与联系是什么？

数字商务（digital commerce）是指利用互联网、物联网、无线通信等通信技术和数据分析手段将商务的流程、渠道、营销、运营等流程数字化、互联网化、智能化。

电子商务（electronic commerce，EC）是指以信息网络技术为手段，以商品交换为中心的商务活动；也可理解为在互联网、企业内部网和增值网上以电子交易方式进行交易活动和相关服务的活动，是传统商业活动各环节的电子化、网络化、信息化；以互联网为媒介的商业行为均属于电子商务的范畴。

当电子商务与人工智能和区块链等数字经济相结合时，电子商务将进化为数字商务。[11]

55. 智能合约是什么？

智能合约概念最早在 1994 年由学者尼克·萨博（Nick Szabo）提出，最初被定义为一套以数字形式定义的承诺，包括合约参与方可以在上面执行这些承诺的协议，其设计初衷是希望通过将智能合约内置到物理实体来创造各种灵活可控的智能资产。由于计算手段的落后和应用场景的缺失，智能合约并未受到研究者的广泛关注。

区块链技术的出现重新定义了智能合约。智能合约是区块链的核心构成要素（合约层），是由事件驱动的、具有状态的、运行在可复制的共享区块链数据账本上的计算机程序，能够实现主动或被动的处理数据，接受、储存和发送价值，以及控制和管理各类链上智能资产等功能。智能合约作为一种嵌入式程序化合约，可以内置在任何区块链数据、交易、有形或无形资产上，形成可编程控制的软件定义的系统、市场和资产。智能合约不仅为传统金融资产的发行、交易、创造和管理提供了创新性的解决方案，同时能够在社会系统中的资产管理、合同管理、监管执法等事务中发挥重要作用。

具体来说，智能合约是一组情景—应对型的程序化规则和逻辑，是部署在区块链上的去中心化、可信共享的程序代码。智能合约同样具有区块链数据的一般特征，如分布式记录、存储和验证，不可篡改和伪造等。签署合约的各参与方就合约内容、违约条件、违约责任和外部核查数据源达成一致，必要时检查和测试合约代码以确保无误后，以智能合约的形式部署在区块链上，即可不依赖任何中心机构地自动化代表各签署方执行合约。智能合约的可编程特性使得签署方可以增加任意复杂的条款。[12]

56. 商业智能是什么？

商业智能也被称为商业智慧或商务智能。

余长慧和潘和平[13]认为商业智能是从大量的数据和信息中发掘有用的知

识，并用于决策以增加商业利润，是一个从数据到信息到知识的处理过程。

王飞和刘国锋[14]认为商业智能是帮助你把一些数据转化成具有商业价值的，而且可以获取的信息和知识，同时在最恰当的时候，通过某种方式把信息传递给需要的人。从专业的角度来说，商业智能就是利用数据仓库、数据分析和挖掘技术，以抽取、转换、查询、分析和预测为主的技术手段，帮助企业完成决策分析的一套解决方案。

57. 数据交易是什么？ 我国数据交易中心有哪些？

数据交易是数据价值最大化的手段和过程，是实现从数据资源、数据资产到数据资本的转化过程。数据资本化是对互联网时代创新式资产变革的回应，它让大数据的作用不仅仅局限在应用和服务本身，还具备了内在的金融价值。从某种意义上说，数据交易的规模化标志着数据资本时代的来临。

我国现有的数据交易中心：

（1）政府类。

①贵阳大数据交易所；

②西咸新区大数据交易所；

③东湖大数据交易中心；

④华东江苏大数据交易平台；

⑤哈尔滨数据交易中心；

⑥上海数据交易中心；

⑦中国工信数据。

（2）平台类。

①京东万象；

②聚合数据；

③数据宝；

④百度智能云市场；

⑤数粮；

⑥阿凡达数据；

⑦HaoService；

⑧发源地；

⑨iDataAPI；

⑩天元数据；

⑪中原大数据交易；

⑫环境云；

⑬天眼查；

⑭企查查；

⑮杭州钱塘大数据交易中心；

⑯中关村数海大数据交易平台；

⑰大数据挖掘模型交易平台；

⑱APIX；

⑲抓手数据；

⑳千教堂；

㉑中国数据商城；

㉒中国管理大数据；

㉓数据星河。

58. 数字贸易是什么？

数字贸易是指信息通信技术发挥重要作用的贸易形式，其不仅包括基于信息通信技术开展的线上宣传、交易、结算等促成的实物商品贸易，还包括通过信息通信网络（语音和数据网络等）传输的数字服务贸易，如数据、数字产品、数字化服务等贸易[15]。

59. 2020 年中国大数据企业 50 强有哪些？

2020 年中国大数据企业 50 强[16]，如表 3 – 1 所示。

表 3 – 1   2020 中国大数据企业 50 强

华为技术有限公司	普元信息技术股份有限公司
阿里巴巴	北京百分点信息科技有限公司
腾讯	网智天元科技集团股份有限公司
中兴通讯股份有限公司	北京东方金信科技有限公司

续表

百度	北京国双科技有限公司
小米集团	美林数据技术股份有限公司
新华三集团	三盟科技股份有限公司
滴滴出行	长威信息科技发展股份有限公司
中科曙光	成都智审数据有限公司
金山云	华云数据有限公司
神州信息	北京浩瀚深度信息技术股份有限公司
广联达科技股份有限公司	北京智慧星光信息技术有限公司
上海晶赞融宣科技有限公司	BBD
成都四方伟业软件股份有限公司	北京明朝万达科技股份有限公司
太极计算机股份有限公司	绿湾网络科技有限公司
浪潮卓数大数据产业发展有限公司	勤智数码科技股份有限公司
金电联行（北京）信息技术有限公司	傲林科技有限公司
北京久其软件股份有限公司	浙江有数数字科技有限公司
CityDo 集团	OpenCertHub
创意信息技术股份有限公司	科技谷（厦门）信息技术有限公司
拓尔思信息技术股份有限公司	同方知网数字出版技术股份有限公司
荣联科技集团股份有限公司	集奥聚合（北京）人工智能科技有限公司
北京思特奇信息技术股份有限公司	成都数字医健科技有限公司
帆软科技有限公司	浙江知盛科技集团有限公司
上海熙菱信息技术有限公司	武汉智领云科技有限公司

资料来源：大数据产业生态联盟：《2020 中国大数据产业发展白皮书》。

60. 数字经济治理的趋势与展望是什么？

随着数字经济的进一步发展，全球数字经济治理的话语权博弈将日趋激烈。未来的数字经济治理需直面数字经济发展带来的一系列风险和挑战，优化经济治理方式，在发展与保护等多重目标中寻求动态平衡[17]。

（1）强化对数字经济的治理成为全球趋势。

（2）适应数字经济发展水平是各国治理根本出发点。

（3）协同治理的价值将进一步显现。

（4）全球数字经济治理规则博弈正在加剧。

61. 智慧供应链是什么？

供应链（supply chain）是通过计划、获得、存储、分销、服务等一些活动在顾客和供应商之间形成的一种衔接，从而使企业能满足内外部顾客的需求。

智慧供应链可以不断结合不同系统中的数据，以协调整条供应链的运作。市场销售通过零售店产生大量销售点数据，这些数据在零售商与供应商之间实现共享，以实现对存货的实时监控。射频识别标签既跟踪货架上与运送中的货物，又监控库存量，以保证订货补给。通过计算机辅助设计、计算机辅助工程、计算机辅助生产、协同产品开发管理与数字化生产等方式增加数据，并将这些数据跨组织区域地连接到点对点的供应链中。若企业能够从其他资源中整合数据，则能够获取更多的价值。这些数据可能来自零售商，但又不局限于销售数据，可能是促销数据，例如，商品名、价格与折扣；可能是商品投入市场数据，例如，某些特定的商品以及增加或减少其产量的计划；也可能是库存数据，例如，每个仓库的存货量、每个商店的销售量。这些数据对于在供应链内将需求商品成功运送起着至关重要的作用。

以特易购为例，该公司从消费者忠诚计划中获取了大量消费者数据，通过分析，这些数据为其向战略细分后的消费者群体进行促销宣传提供决策支持。亚马逊同样走在了大数据分析法的前沿，利用消费者的数据，亚马逊采用一种称为协同筛选的预测性模型使其推荐引擎更加智能化，可以显示"你可能也喜欢……"通过分析数据决策，亚马逊不断地巩固其在同行业中的领导地位。沃尔玛也很早就开始利用大数据来管理供应链。它让零售店与供应商共享供求信息，实现供应链的决策最优化。例如，服务消费者、跟踪库存（像销售点数据与射频识别感应器）、基于供应商的自动购买订单等。[18]

62. 供应链金融是什么？

供应链金融是一种特定的微观金融范畴，它既不同于传统的银行借贷，也有别于风险投资等金融活动，是一种立足于产业供应链，并根据供应链运营中商流、物流和信息流，针对供应链参与者而展开的综合性金融活动。其目的是依托产业供应链运营而创造金融增值，并促进产业供应链和各参与主体良性互动、持续健康发展。[19]

63. 产业互联网时代是什么？

产业互联网是与"消费互联网"相对的概念，指的是应用互联网、大数据、云计算等互联网相关技术连接、重构传统产业链条。早期的产业互联网，更多关注于互联网相关技术在产业链某一具体环节上的应用，比如在销售环节的应用、物联网技术在工厂制造环节的应用等。现代意义上的产业互联网更为全面宽泛，强调将互联网相关技术应用到研发设计、生产控制、交易、营销、物流、融资、管理等产业链的全流程，以数据平台的方式来实现商流、信息流、资金流、实物流的四流合一与整合利用，最终实现产业链全流程的效率全面提升。[20]

64. "5G＋工业互联网"是什么？

"工业互联网"（industrial internet）——开放、全球化的网络，将人、数据和机器连接起来，它是全球工业系统与高级计算、分析、传感技术及互联网的高度融合。本质和核心是通过工业互联网平台把设备、生产线、工厂、供应商、产品和客户紧密地连接融合起来。可以帮助制造业拉长产业链，形成跨设备、跨系统、跨厂区、跨地区的互联互通，从而提高效率，推动整个制造服务体系智能化。中国工业互联网标识解析国家顶级节点落户在北京、上海、广州、武汉、重庆五大城市。

2017年，国务院正式发布《关于深化"互联网＋先进制造业"发展工业互联网的指导意见》，2018年7月，工业和信息化部印发了《工业互联网平台建设及推广指南》和《工业互联网平台评价方法》。2019年1月18日，工信部已印发《工业互联网网络建设及推广指南》，2019年全国两会上，"工业互联网"成为"热词"并写入《2019年国务院政府工作报告》。《2019年国务院政府工作报告》提出，围绕推动制造业高质量发展，强化工业基础和技术创新能力，促进先进制造业和现代服务业融合发展，加快建设制造强国。打造工业互联网平台，拓展"智能＋"，为制造业转型升级赋能。[21]

"5G＋工业互联网"为工业互联网发展注入新活力。5G超大带宽、超低时延、海连接的特性，与工业互联网的要求和目标契合，为工业互联网新型基础设施和融合创新应用提供了关键支撑和重要机遇。

典型应用："5G＋工业互联网"的全连接工厂，实现全生产要素、全流程互联互通，全要素全周期的实时数据跟踪；"5G＋工业互联网"的安全隔离，利用5G切片技术确保工业网络便捷、高效、安全应用；"5G＋工业互联网"的远程控制，实现工程机械远程操控。[22]

65. 工业大数据的概念与应用是什么？

工业大数据是指在工业领域中，围绕典型智能制造模式，从客户需求到销售、订单、计划、研发、设计、工艺、制造、采购、供应、库存、发货和交付、售后服务、运维、报废或回收再制造等整个产品全生命周期各个环节所产生的各类数据及相关技术和应用的总称。其以产品数据为核心，极大延展了传统工业数据范围，同时还包括工业大数据相关技术和应用[23]。

工业大数据除具有一般大数据的特征（数据量大、多样、快速和价值密度低）外，还具有时序性、强关联性、准确性、闭环性等特征。

66. 工业数据空间是什么？

作为德国工业4.0下的重要子项目，德国启动了"工业数据空间（IDS）"项目，旨在基于标准化通信接口构建一个安全的数据共享虚拟结构，将分散的工业数据转化为可信的数据交换网络。该网络不但为工业数据的交换和利用提供基础设施，更为数据交换提供清晰的制度、规则。IDS系统连接上游的"智能生产"工厂和"智能物流"公司以及下游需要"智能服务"的个人客户与企业客户，汇聚整合来自工厂、物流公司，电信运营商、政府部门的公共数据等众多来源数据。此外，IDS还制定了适用于不同场景的多种数据控制者和数据使用者之间的格式合同，以降低数据利用的交易成本，促进数据流通。之后，"工业数据空间"项目进一步拓展为"国际数据空间（IDSA）"，范围、边界和抱负都大大扩展。IDSA旨在商业数据交换建立标准，并将这种数字分享活动推动至跨国层面。其涉及的数据范围从IDS的工业制造数据扩展至整个数字经济领域，涵盖社会、经济和技术等众多领域的数据。IDSA 不再将数据视为智能制造过程的结果，而是将其视为一种产品，通过对其加工能够产生新的价值。IDSA 将帮助企业自主决定如何处理数据，并创造新一代商业模式的基础。[24]

67. 智慧海洋指的是什么？

智慧海洋是海洋信息化的深度发展，是信息与物理融合的海洋智能化技术革命4.0，是将新一代信息技术与海洋环境、海洋装备、人类活动和管理主体四大板块信息深度融合，实现互联互通、智能化挖掘与服务，是认识和经略海洋的神经系统。[25]

68. 海洋大数据包括哪些内容？

依数据类型划分，可将海洋大数据分为两大类：海洋自然科学类大数据和海洋社会科学类大数据。

（1）海洋自然科学类大数据。

海洋自然科学类数据主要是指对海洋自然环境进行观测或模拟而得到的数据，包含了海洋的水质和生态环境信息（如叶绿素浓度、悬浮泥沙含量、有色可溶有机物等）、海洋动力环境信息（海水温度、海面风场、海面高度、海浪、海流、海洋重力场等），以及海洋生物、海洋化学、海底地质、沉积物、水下地形、海冰、海水污染等其他海洋环境信息。海洋自然科学数据的获取手段主要包括实际观测、海洋遥感观测和海洋数值模拟。因此，可将海洋自然科学类大数据分为海洋实测数据、海洋遥感数据和海洋模式数据。

（2）海洋社会科学类大数据。

海洋社会科学类大数据是相对于海洋自然科学类大数据而言，目前在学术界、政府内并没有明确的范畴定义。依据现有海洋研究进展、海洋事业发展、海洋强国战略所涉内容，以及高层海洋决策所涉因素而言，大致可以分为海洋战略数据、海洋经济数据、海洋文化数据三大类。[26]

69. 数据资产是什么？

"数据资产（data asset）"这一概念是由信息资源和数据资源的概念逐渐演变而来的。信息资源是在 20 世纪 70 年代计算机科学快速发展的背景下产生的，信息被视为与人力资源、物质资源、财务资源和自然资源同等重要的资源，高效、经济地管理组织中的信息资源是非常必要的。

中国信息通信研究院云计算与大数据研究所、中国通信标准化协会大数据技术标准推进委员会在 2017 年发布了《数据资产管理实践白皮书（4.0）》，其中将"数据资产"定义为"由企业拥有或者控制的，能够为企业带来未来经济利益的，以一定方式记录的数据资源"。这一概念强调了数据具备的"预期给会计主体带来经济利益"的资产特征。[27-28]

本章参考文献

［1］田丽：《各国数字经济概念比较研究》，载于《经济研究参考》2017年第 40 期，第 101～106 页。

［2］中国信息通信研究院：《中国数字经济发展白皮书（2020）》，第 3 页。

［3］余航、田林、蒋国银、陈云：《共享经济·理论构建与研究进展》，载于《南开管理评论》2018 年第 6 期，第 37～52 页。

［4］董成惠：《共享经济：理论与现实》，载于《广东财经大学学报》2016 年第 5 期，第 4～15 页。

［5］林永青：《何为通证经济?》，载于《金融博览》2019 年第 1 期，第46～47 页。

［6］王沐凝、李平：《新制度经济学视域下通证经济发展探索》，载于《社会科学家》2020 年第 9 期，第 78～84 页。

［7］田杰棠、闫德利：《新基建和产业互联网：疫情后数字经济加速的"路与车"》，载于《山东大学学报（哲学社会科学版）》2020 年第 3 期，第 1～8 页。

［8］刘津含、陈建：《数字货币对国际货币体系的影响研究》，载于《经济学家》2018 年第 5 期，第 17～22 页。

［9］戴安琪、高改芳：《商业银行积极备战数字货币运营》，载于《中国证券报》，2020 年 4 月 17 日。

［10］陈兵：《如何看待"数据垄断"》，第一财经日报，2020 年 7 月 28日，https：//www.yicai.com/news/100714316.html。

［11］一度蜜智能：《科普：什么是数字商务？再不知道你可能就会被淘汰》，搜狐网，2018年6月4日，https：//www. sohu. com/a/233982690_114756。

［12］袁勇、王飞跃：《区块链技术发展现状与展望》，载于《自动化学报》2016年第42期，第481～494页。

［13］余长慧、潘和平：《商业智能及其核心技术》，载于《计算机应用研究》2002年第9期，第14～16页。

［14］王飞、刘国锋：《商业智能深入浅出》，机械工业出版社2014年版，第2页。

［15］中国信通院：《数字贸易发展与影响白皮书》，第3页。

［16］大数据产业生态联盟：《2020中国大数据产业发展白皮书》，第32页。

［17］中国信息通信研究院：《数字经济治理白皮书（2019年）》第39～42页。

［18］［美］娜达·R. 桑德斯：《大数据供应链：构建工业4.0时代智能物流新模式》，中国人民大学出版社2015年版，第21页。

［19］宋华：《基于产业生态的供应链金融的创新趋势》载于《中国流通经济》2016年第30期，第85～91页。

［20］中国信息通信研究院：《"5G＋金融"应用发展白皮书（2019年）》，第7页。

［21］杜加懂：《5G与工业互联网融合应用的思考》，载于《信息通信技术与政策》2019年第11期，第45～47页。

［22］刘多：《推动5G与工业互联网融合发展》，载于《数据中心建设＋》2020年第1期，第1～3页。

［23］郑树泉、宗宇伟、董文生、丁志刚：《工业大数据架构与应用》，上海科学技术出版社2017年版，第18～19页。

［24］中国信息通信研究院：《数字经济治理白皮书（2019年）》。

［25］孙朝辉、李兆钦、刘增宏：《智慧海洋国际共享应用平台发展趋势及其对策建议》载于《海洋开发与管理》2020年第37期，第3～9页。

［26］侯雪燕、洪阳、张建民等：《海洋大数据：内涵、应用及平台建设》载于《海洋通报》2017年第36卷，第361～369页。

［27］中国信息通信研究院：《数据资产管理实践白皮书（2017年）》，第1～2页。

［28］中国信息通信研究院：《大数据白皮书（2019年）》，第25页。

第 4 章

数 字 社 会

70. 数字社会是什么？

数字社会作为一种特定的社会文化形态，是借由数字化、网络化、大数据、人工智能等当代信息科技的快速发展和广泛应用得以孕育成型的。

就其内在本质而言，数字社会在整体架构特征上，最为突出的一点就是，它在数字化的前提下，依托覆盖全球、贯通八方的互联网络，从最具有基础性意义的技术保障和运作机制层面，为解决人们在社会生活中所必须要面对的一系列基本问题，建构起前所未有、稳定可靠且卓有成效的活动平台、社会场域和通行路径。经由数字化、网络化和智能化的发展，经济社会发展和运行中的一些基本问题得以较好地解决，从而形成了数字社会运行和网络生活状态的本质特征，具体显现为跨域连接、全时共在、行动自主、持续互动、数据共享、资源整合、高效协作、智能操控等不同方面[1]。

71. 智慧地球是什么？

智慧地球这一概念最先由 IBM（国际商业机器公司）提出，是指把新一代的 IT、互联网技术充分运用到各行各业，把感应器嵌入、装备到全球的医院、电网、铁路、桥梁、隧道、公路、建筑、供水系统、大坝、油气管道，通过互联网形成"物联网"，而后通过超级计算机和云计算，使得人类以更加精细、动态的方式工作和生活，从而在世界范围内提升"智慧水平"，最终实现"互联网＋物联网＝智慧地球"[2]。

"智慧地球"的三个要素（3I）：①物联化（instrumentation）；②互联化（interconnectedness）；③智能化（intelligence）。

"智慧地球"的三个维度：①能够更透彻的感应和度量世界的本质和变化；②促进世界更全面地互联互通；③在上述基础上，所有事物、流程、运行方式都将实现更深入的智能化[3]。

IBM "智慧地球"的核心理念包括三个方面：一是更透彻地感知（instrumented），即将各种感应科技嵌入汽车、家电、公路、水利电力等设施中，令物质世界数据化；二是更全面地互联互通（interconnected），即实现"物联网"与"互联网"的融合；三是更深入地智能化（intelligent），即通过云计算和超级计算机等先进技术，对感知的海量数据进行分析处理，以便做出正确的行动决策。"智慧的城市""智慧的运算""智慧的银行"等，都是IBM "智慧地球"战略的重要组成部分[2]。

在IBM《智慧地球赢在中国》计划书中，IBM为中国量身打造了六大智慧解决方案："智慧电力""智慧医疗""智慧城市""智慧交通""智慧供应链"和"智慧银行"[2]。

72. 智慧城市建设包括哪些方面？

（1）科学制定智慧城市建设顶层设计。

①加强顶层设计。城市人民政府要从城市发展的战略全局出发研究制定智慧城市建设方案。方案要突出为人服务，深化重点领域智慧化应用，提供更加便捷、高效、低成本的社会服务；要明确推进信息资源共享和社会化开发利用、强化信息安全、保障信息准确可靠以及同步加强信用环境建设、完善法规标准等的具体措施；要加强与国民经济和社会发展总体规划、主体功能区规划、相关行业发展规划、区域规划、城乡规划以及有关专项规划的衔接，做好统筹城乡发展布局。

②推动构建普惠化公共服务体系。加快实施信息惠民工程。推进智慧医院、远程医疗建设，普及应用电子病历和健康档案，促进优质医疗资源纵向流动。建设具有随时看护、远程关爱等功能的养老信息化服务体系。建立公共就业信息服务平台，加快推进就业信息全国联网。加快社会保障经办信息化体系建设，推进医保费用跨市即时结算。推进社会保障卡、金融IC卡、市民服务卡、居民健康卡、交通卡等公共服务卡的应用集成和跨市一卡通用。围绕促进

教育公平、提高教育质量和满足市民终身学习需求，建设完善教育信息化基础设施，构建利用信息化手段扩大优质教育资源覆盖面的有效机制，推进优质教育资源共享与服务。加强数字图书馆、数字档案馆、数字博物馆等公益设施建设。鼓励发展基于移动互联网的旅游服务系统和旅游管理信息平台。

③支撑建立精细化社会管理体系。建立全面设防、一体运作、精确定位、有效管控的社会治安防控体系。整合各类视频图像信息资源，推进公共安全视频联网应用。完善社会化、网络化、网格化的城乡公共安全保障体系，构建反应及时、恢复迅速、支援有力的应急保障体系。在食品药品、消费品安全、检验检疫等领域，建设完善具有溯源追查、社会监督等功能的市场监管信息服务体系，推进药品阳光采购。整合信贷、纳税、履约、产品质量、参保缴费和违法违纪等信用信息记录，加快征信信息系统建设。完善群众诉求表达和受理信访的网络平台，推进政府办事网上公开。

④促进宜居化生活环境建设。建立环境信息智能分析系统、预警应急系统和环境质量管理公共服务系统，对重点地区、重点企业和污染源实施智能化远程监测。依托城市统一公共服务信息平台建设社区公共服务信息系统，拓展社会管理和服务功能，发展面向家政、养老、社区照料和病患陪护的信息服务体系，为社区居民提供便捷的综合信息服务。推广智慧家庭，鼓励将医疗、教育、安防、政务等社会公共服务设施和服务资源接入家庭，提升家庭信息化服务水平。

⑤建立现代化产业发展体系。运用现代信息化手段，加快建立城市物流配送体系和城市消费需求与农产品供给紧密衔接的新型农业生产经营体系。加速工业化与信息化深度融合，推进大型工业企业深化信息技术的综合集成应用，建设完善中小企业公共信息服务平台，积极培育发展工业互联网等新兴业态。加快发展信息服务业，鼓励信息系统服务外包。建设完善电子商务基础设施，积极培育电子商务服务业，促进电子商务向旅游、餐饮、文化娱乐、家庭服务、养老服务、社区服务以及工业设计、文化创意等领域发展。

⑥加快建设智能化基础设施。加快构建城乡一体的宽带网络，推进下一代互联网和广播电视网建设，全面推广三网融合。推动城市公用设施、建筑等智能化改造，完善建筑数据库、房屋管理等信息系统和服务平台。加快智能电网建设。健全防灾减灾预报预警信息平台，建设全过程智能水务管理系统和饮用水安全电子监控系统。建设交通诱导、出行信息服务、公共交通、综合客运枢纽、综合运行协调指挥等智能系统，推进北斗导航卫星地基增强系统建设，发展差异化交通信息增值服务。建设智能物流信息平台和仓储式物流平台枢纽，

加强港口、航运、陆运等物流信息的开发共享和社会化应用。

（2）切实加大信息资源开发共享力度。

①加快推进信息资源共享与更新。统筹城市地理空间信息及建（构）筑物数据库等资源，加快智慧城市公共信息平台和应用体系建设。建立促进信息共享的跨部门协调机制，完善信息更新机制，进一步加强政务部门信息共享和信息更新管理。各政务部门应根据职能分工，将本部门建设管理的信息资源授权有需要的部门无偿使用，共享部门应按授权范围合理使用信息资源。以城市统一的地理空间框架和人口、法人等信息资源为基础，叠加各部门、各行业相关业务信息，加快促进跨部门协同应用。整合已建政务信息系统，统筹新建系统，建设信息资源共享设施，实现基础信息资源和业务信息资源的集约化采集、网络化汇聚和统一化管理。

②深化重点领域信息资源开发利用。城市人民政府要将提高信息资源开发利用水平作为提升城市综合竞争力的重要手段，大力推动政府部门将企业信用、产品质量、食品药品安全、综合交通、公用设施、环境质量等信息资源向社会开放，鼓励市政公用企事业单位、公共服务事业单位等机构将教育、医疗、就业、旅游、生活等信息资源向社会开放。支持社会力量应用信息资源发展便民、惠民、实用的新型信息服务。鼓励发展以信息知识加工和创新为主的数据挖掘、商业分析等新型服务，加速信息知识向产品、资产及效益转化。

（3）积极运用新技术新业态。

①加快重点领域物联网应用。支持物联网在高耗能行业的应用，促进生产制造、经营管理和能源利用智能化。鼓励物联网在农产品生产流通等领域应用。加快物联网在城市管理、交通运输、节能减排、食品药品安全、社会保障、医疗卫生、民生服务、公共安全、产品质量等领域的推广应用，提高城市管理精细化水平，逐步形成全面感知、广泛互联的城市智能管理和服务体系。

②促进云计算和大数据健康发展。鼓励电子政务系统向云计算模式迁移。在教育、医疗卫生、劳动就业、社会保障等重点民生领域，推广低成本、高质量、广覆盖的云服务，支持各类企业充分利用公共云计算服务资源。加强基于云计算的大数据开发与利用，在电子商务、工业设计、科学研究、交通运输等领域，创新大数据商业模式，服务城市经济社会发展。

③推动信息技术集成应用。面向公众实际需要，重点在交通运输联程联运、城市共同配送、灾害防范与应急处置、家居智能管理、居家看护与健康管理、集中养老与远程医疗、智能建筑与智慧社区、室内外统一位置服务、旅游娱乐消费等领域，加强移动互联网、遥感遥测、北斗导航、地理信息等技术的

集成应用，创新服务模式，为城市居民提供方便、实用的新型服务。

（4）着力加强网络信息安全管理和能力建设。

①严格全流程网络安全管理。城市人民政府在推进智慧城市建设中要同步加强网络安全保障工作。在重要信息系统设计阶段，要合理确定安全保护等级，同步设计安全防护方案；在实施阶段，要加强对技术、设备和服务提供商的安全审查，同步建设安全防护手段；在运行阶段，要加强管理，定期开展检查、等级评测和风险评估，认真排查安全风险隐患，增强日常监测和应急响应处置恢复能力。

②加强要害信息设施和信息资源安全防护。加大对党政军、金融、能源、交通、电信、公共安全、公用事业等重要信息系统和涉密信息系统的安全防护，确保安全可控。完善网络安全设施，重点提高网络管理、态势预警、应急处理和信任服务能力。统筹建设容灾备份体系，推行联合灾备和异地灾备。建立重要信息使用管理和安全评价机制。严格落实国家有关法律法规及标准，加强行业和企业自律，切实加强个人信息保护。

③强化安全责任和安全意识。建立网络安全责任制，明确城市人民政府及有关部门负责人、要害信息系统运营单位负责人的网络信息安全责任，建立责任追究机制。加大宣传教育力度，提高智慧城市规划、建设、管理、维护等各环节工作人员的网络信息安全风险意识、责任意识、工作技能和管理水平。鼓励发展专业化、社会化的信息安全认证服务，为保障智慧城市网络信息安全提供支持[4]。

73. 数字城市与智慧城市的区别有哪些？

（1）关注点不同。在数字城市阶段，人们关注的是信息的采集和传递；在智慧城市阶段，人们更多关注的是信息的分析、知识或规律的发现以及决策反应等。

（2）目标不同。数字城市以电子化和网络化为目标，智慧城市则以功能自动化和决策支持为目标。

（3）实质不同。数字化的实质是用计算机和网络取代传统的手工流程操作，智慧化的实质则是用智慧技术取代传统的某些需要人工判别和决断的任务，达到最优化。

（4）结果不同。数字化的结果是数据的积累和传递，智慧化的结果是数据的利用和开发，用数据去完成任务，并实现功能。如果说数据是信息社会的粮食，那么智慧技术则是将粮食加工成可用食品的工具。

传统的数字城市是一种基于宽带通信基础设施和面向服务的计算资源基础设施，提供创新型管理与服务的互联共同体；智慧城市是以大系统整合的物理空间和网络空间交互下的数字城市。智慧城市的管理更加精细、环境更加和谐、经济更加发达、生活更加宜居。[5]

74. 智慧农村是什么？

智慧农村的概念是智慧城市和智慧城镇概念的进一步延伸和发展，是信息时代背景下农村创新发展的重要战略选择。智慧农村是指利用智能感知、互联网、大数据等技术，实现对农村地理信息和人文信息的数据化，并通过信息时代下新的生产工具和科学技术，促进农民生活水平和质量的改善、农业及相关产业的发展以及农村社会发展水平的提高[6]。

75. 智慧社区是什么？

"智慧社区论坛"（ICF）认为"智慧社区"是"智慧城市""电子城市""电子社区"的统称，这里的"社区"可以是市区、县或村[7-8]。我们认为"智慧社区"是"智慧城市"的重要组成单元，它是指依托各种传感与通信终端设备感知信息，利用有线与无线通信网络传输信息，运用智能化处理平台挖掘整合信息，并有效引入城市智慧应用系统，实现社区管理精细化、服务人文化、运行低碳化，为居民提供便捷、舒适、环保的生活空间的综合系统。[9]

76. 智慧民生是什么？

智慧民生通常指互联网、大数据以及物联网等互联网技术深刻地影响人们的衣、食、住、行等。其主要宗旨在于将信息技术融入人民生活的方方面面之中，为人民带来更多更加便捷的生活方式，以期提高人民的生活质量与幸福感程度，随着互联网时代的到来以及信息技术的不断发展，智慧民生成为数字时代民生的发展重点[10]。

77. 数字公民是什么？

数字公民的定义，学界尚无统一定论。维基百科将数字公民界定为"利用信息技术参与社会活动、政治活动和政府活动的人"。美国肯特州立大学政治学教授墨斯伯格（Mossberger）在其《数字公民：互联网、社会与参与》一书中认为，数字公民是"定期且有效地使用互联网的人"[11]。美国堪萨斯州立大学教授迈克·瑞布（Ribble）在其著名的《学校中的数字公民教育》一书中将数字公民定义为在应用技术的过程中能够遵循相应规范而表现出适当的、负责任行为的人[12-13]。美国联邦政府发布的 2010 年国家教育技术计划和全国教育技术标准认为，合格的数字公民"能够安全地、合法地、符合道德规范地使用数字化信息和工具"。尽管不同学者与机构出于不同立场对数字公民的定义有不同的阐述，但是综合分析上述定义发现：如今对数字公民进行的界定其实讨论的都是同一个问题，即作为数字时代的公民，应该如何履行数字社会的权利与义务，即恰当地、负责地使用各种信息技术，以参与社会活动，促进社会发展[14]。数字公民也就是指数字社会中依据其道德规范和行为准则履行权利和义务，合理使用信息技术参与社会活动、促进社会发展的公民。

78. CTID 平台是什么？

"互联网＋可信身份认证平台"（简称"CTID 平台"）是为贯彻落实习近平总书记关于开展我国网络可信身份战略研究的指示要求，在中央网信办的指导下，由国家发改委立项、公安部组织建设的国家"互联网＋"重大工程基础保障类项目[15]。CTID 平台是居民身份证向网络社会身份管理应用的延伸，是群众网上办事的"第一关卡"，也是各类政务服务的基础保障。安全、有效、便捷的技术认证手段，能增强群众安全感和体验感，有效提升政务服务水平[16]。2016 年以来，CTID 平台在基础理论研究、核心技术研发、基础设施建设、试点示范应用、安全运维保障、行业标准制定、产业推广应用等方面取得了显著成效，为国家深化"互联网＋"行动计划、全面实施"放管服"改革和网络可信战略的实施提供了强有力的保障支撑。经过多年建设与推广应用，

CTID 平台已成为国内基础身份数据权威完整、网络服务能力稳定快速、行业应用实践广泛深入、认证分级和模式丰富齐全、个人隐私信息保护安全合规的国家互联网基础设施平台。

79. 如何实现智慧综合社会管理？

实现智慧综合社会管理，一是要高度重视信息化在社会管理中的作用。应用现代信息和通信技术，加强信息网络建设，提升社会管理信息化水平，是创新社会管理的必由之路。二是社情民意是社会基本情况和人民群众的意见与愿望的集中反映，因此，健全社会稳定风险评估和社情民意调查机制，对于创新社会管理至关重要。三是随着社会管理要素日趋增多，难度不断增大，单靠传统手段已经难以实现科学有效的社会管理。只有通过云计算、互联网数据中心（IDC）、物联网等多种信息化手段在社会管理创新中的应用，结合当前社会热点、难点问题，建立全面覆盖、动态跟踪、信息共享、功能齐全的社会管理综合信息系统，构建社会管理信息化平台，才能提高新形势下社会管理的现代化水平。

创新基于互联网的大数据公共安全智慧管理。首先，大数据能够让人们尽可能掌握到前所未有的公共安全的全面信息，在对其进行有效处理的基础上更为准确地发现公共安全发展的规律。公共安全领域中的大数据，通过收集、处理海量的数据信息，能够提升危机决策者的认知与判断能力，并以过去根本不可能的方式做出决策。与此同时，通过大数据分析，这些信息"量"与"质"的提升为公共安全管理绩效的改善创造了有利条件。其次，通过大数据使公共安全实现智慧管理。

大数据技术大大增强了公共安全管理者的"计算"能力，当"大数据"成为各种危机决策的基础之时，将出现一种全新的公共安全管理形态即智慧管理。"智慧"意味着对公共安全能迅速、灵活、正确地理解和处理的能力。智慧管理所强调的是以大数据为代表的知识与技术的广泛性应用，借以提升政府及相关部门应对公共安全等事务时的管理能力。

探索基于信息化的社会管理"双轮驱动"智慧模式。自 2011 年以来，国家民政部先后认定了两批 40 余个"全国社区管理和服务创新实验区"，在全国范围内播下了创新社会管理的星星之火。"大联动"是城市社会综合管理的创新机制，它可以通过纵向建立区、街镇、村居委的三级网络，横向建立若干政府职能部门间的行政执法联动机制，统合各类社会管理资源实现社会的有机管理。"实验区"和"大联动"融合形成"两轮驱动"格局的基础平台就是信息化。"实验区"的信息化建设，依托社区公共服务综合信息平台共享信息资源、整合服务事项，逐步推进社区基本公共服务的全人群覆盖、全口径集成和全区域通办，从而构建起设施智能、服务便捷、管理精细、环境宜居的"智慧社区"。"大联动"的信息化建设是基于"依托社区，整合资源；集中采集，信息共享"的原则，建立区、街镇和居村委三级管理主体之间的信息共享、接口对接和工作联动，将联动协调运行机制固化为信息化操作流程，依托区政务网搭建社会综合管理基础信息采集系统，及时采集和处理涉及公共安全的相关信息，从而实现智慧综合社会管理。[17]

80. 智慧交通在生活中有哪些应用？

智慧交通是解决交通发展瓶颈的有效手段之一，是交通信息化、自动化的重要发展方向，是当今世界城市发展的趋势和特征。特别是引入大数据计算"智慧交通"更加注重人、车、路和环境的和谐协调的关系处理，使交通发展更加具有可持续的协调发展意识，能够更好地改善交通秩序和交通环境、节约能源、降低环境污染。我国的智慧交通建设处于不断的发展改善阶段，特别是近几年国内科技企业发展迅猛，人工智能技术日益成熟，且政府在交通领域基础设施建设、交通信息化投入增大，伴随自动驾驶技术的推广应用，智慧交通将成为交通信息化发展的方向和目标[18]。

（1）从简单的交通违法违规监测、交通信号控制，逐渐向为城市交通拥堵提供解决方案。

（2）从单点检测，到线检测，再到区域检测，监测范围不断扩大，应用规模也不断增大，特别是国省道干线公路、城市道路、高速公路、大型桥梁、隧道、高风险水域、航段和港口等基础设施的监控覆盖。

（3）物联网、大数据、人工智能等一些新技术在智慧交通领域逐渐得到应用。例如2018年4月，重庆宣布将建立基于分级自动驾驶的智慧交通及自动驾驶演示验证与示范平台；5月17日，工信部提出将在5G和车联网领域推动人工智能应用，人工智能技术将广泛深入的应用于智慧交通。电子警察、卡口、车辆识别系统、信号灯控制、GPS/北斗车载导航系统、智能公共交通系统、停车场管理系统、行驶记录仪、交通收费设备、车载 Wi-Fi 等产品和系统功能更趋完善、性能逐步提升。例如电子警察设备从 300 万像素到 700 万像素，再到新推出的 900 万像素，从能监控 1 车道到监控 4 车道，大大提高了设备的利用效率。

（4）通过建设重点路段的路网运行监测、交通指挥中心、交通情报预警分析、交通勤务指挥等系统，为应急指挥处置提供先进手段。

（5）在公众服务方面，围绕政务公开、网上办事、公众出行、客运售票，完善公众信息服务体系，进一步提升交通公共服务水平；例如公安部推出的"交管 12123"手机 App 和一些地方交管部门推出的手机 App，大大提升了交通违法处理的效能，也方便了人民群众。

随着物联网、大数据、云计算、人工智能等技术越来越多地渗透到交通领域，为百姓的出行带来了更高效便捷服务，同时也有利于管理部门为社会提供更好的交通服务。但是随着社会经济的快速发展与城镇化进程的不断加快，导致这些城市的交通管理仍然存在着许多问题，这些问题主要体现在技术和管理两大方面[18]。

81. 如何运用大数据发展公共医疗卫生？

（1）无线射频识别技术（RFID）：首先运用 RFID 进行药品管理，标签依附在产品上的身份标识具有唯一性，难以复制，可以起到查询信息和防伪打假的作用。另外，药品从科研、生产、流通到使用整个过程中，RFID 标签都可进行全方位的监控；其次，对医疗垃圾信息进行管理，借助 RFID 技术建立一个可追踪的医疗垃圾追踪系统，实现对医疗垃圾运送到处理厂的全程跟踪，避免医疗垃圾的非法处理。另外，借助 RFID 技术的可靠、高效的信息储存和检验方法，快速实现病人身份确认，确定其姓名、年龄、血型、紧急联系电话、既往病史、家属等有关详细资料，完成入院登记手续，为急救病患争取了治疗的宝贵时间；最后，将 RFID 技术应用到血液管理中，能够有效避免条形码容量小的弊端，可以实现非接触式识别，减少血液污染，实现多目标识别，提高数据采集效率。

（2）防误机制：通过在取药、配药过程中加入防误机制，在处方开立、调剂、护理给药、病人用药、药效追踪、药品库存管理、药品供货商进货、保存期限及保存环境条件等环节实现对药品制剂的信息化管理。

（3）追溯系统：通过准确记录物品和患者身份，包括产品使用环节的基本信息、不良事件所涉及的特定产品信息、可能发生同样质量问题产品的地区、问题产品所涉及的患者、尚未使用的问题产品位置等信息，追溯到不良产品及相关病患，控制所有未投入使用的医疗器械与药品，为事故处理提供有力支持。

（4）信息共享互联：通过医疗信息和记录的共享互联，整合并形成一个发达的综合医疗网络[19]。

82. 时空大数据是什么？

时空大数据是大数据与时空数据的融合，即以地球（其他星体）为对象，基于统一时空基准，活动于时空中与位置直接或间接相关联的大数据。

时空大数据提出的前提：它来自解决人类面临的全球性问题的需要，全球气候变暖、天气极端异常、灾害频繁，人类生态环境恶化，等等，都成了被感知而产生时空大数据的对象；互联网、物联网、云计算和智能感知等新兴信息技术的快速发展，为时空大数据的产生提供了强有力的技术支撑和保障；天空地海一体化的对地观测所形成的泛在测绘，无处不在、无时不在，成了直接产生时空大数据的主要手段。

时空大数据包括时空基准（时间和空间基准）数据、GNSS 和位置轨迹数据、空间大地测量和物理大地测量数据、海洋测绘数据、地图（集）数据、遥感影像数据、与位置相关联的空间媒体数据、地名数据及时空数据与大数据融合产生的数据等[20]。

时空大数据的采集、储存、管理、运算、分析、显示和描述依赖于"3S"系统。3S 系统是遥感（remote sensing，RS）、全球定位系统（global positioning system，GPS）和地理信息系统（geographic information system，GIS）的简称，它们在 3S 体系中各自充当着不同的角色，遥感技术是信息采集的主力；全球定位系统对遥感图像及其信息进行定位，赋予坐标，使其能和"电子地图"进行套合；地理信息系统则是信息的"大管家"，是用于输入、存储、查询、分析和显示地理数据的计算机系统[20]。

随着智慧城市的建设，时空大数据平台在不断发展。时空大数据平台是基础时空数据、公共管理与公共服务涉及专题信息的"最大公约数"（简称公共专题数据）、物联网实时感知数据、互联网在线抓取数据、根据本地特色扩展数据，及其获取、感知、存储、处理、共享、集成、挖掘分析、泛在服务的技术系统。连同云计算环境、政策、标准、机制等支撑环境，以及时空基准共同组成时空基础设施[21]。

智慧城市时空大数据平台作为智慧城市的重要组成，既是智慧城市不可或缺的、基础性的信息资源，又是其他信息交换共享与协同应用的载体，为其他信息在三维空间和时间交织构成的四维环境中提供时空基础，实现基于统一时空基础下的规划、布局、分析和决策[21]。

83. "文化大数据" 包括哪些内容？

"文化"与"大数据"的结合是文化生产与科学技术的深度融合。文化大数据是一个随着文化实践的多元发展而不断变化的动态开放的数据生态系统，它具有海量（数据总量大）、多样（数据类型多）、快速（处理要求快）、不确定性（数据冗余高）和价值性（潜在价值大）等大数据的共识性特征[22]。

文化产业大数据包括各类文化生产活动和消费活动中所产生的大数据，提供的是文化行业整体发展的态势信息[23]。

本章参考文献

［1］李一：《"数字社会"的发展趋势、时代特征和业态成长》，载于《中共杭州市委党校学报》2019 年第 5 期，第 83～90 页。

［2］许晔、郭铁成：《IBM "智慧地球" 战略的实施及对我国的影响》，载于《中国科技论坛》2014 年第 3 期，第 148～153 页。

［3］IBM：《智慧地球赢在中国》，第 11～12 页。

［4］国家发展改革委：《关于印发促进智慧城市健康发展的指导意见的通知》。

［5］张永民：《"智慧城市"高于"数字城市"》，载于《中国信息界》2011 年第 10 期，第 12～17 页。

［6］李先军：《智慧农村：新时期中国农村发展的重要战略选择》，载于《经济问题探索》2017 年第 6 期，第 53～58 页。

［7］中国电信智慧城市研究组：《智慧城市之路——科学治理与城市个性》，电子工业出版社 2011 年版，第 400～404 页。

［8］［加］布卢姆菲尔德：《绿色城市：可持续社区发展指南》，张明顺，单莹洁，张雪花等译，企业管理出版社 2007 年版，第 41 页。

［9］郑从卓、顾德道、高光耀：《我国智慧社区服务体系构建的对策研究》，载于《科技管理研究》2013 年第 9 期，第 88 ~ 91 页。

［10］谷宁：《信息化发展与智慧民生关系研究》，北京邮电大学 2019 年。

［11］Mossberger Karena, Tolbert Caroline J. and McNeal Ramona S. Digital citizenship：The Internet, society, and participation. Cambridge：MIT Press, 2007.

［12］M Ribble, Ahmed Shaaban. Digital citizenship in schools. Texas：International Society for Technology in Education, 2011.

［13］Mike Ribble. Digital Citizenship in Schools：Nine Elements All Students Should Know (2nd Edition). Texas：International Society for Technology in Education, 2011.

［14］杨浩、徐娟、郑旭东：《信息时代的数字公民教育》，载于《中国电化教育》2016 年第 1 期，第 9 ~ 16 页。

［15］杨林、国伟、孙玉龙：《"互联网 + 可信身份认证平台"的建设与应用》，载于《警察技术》2020 年第 3 期，第 11 ~ 14 页。

［16］解晓勇：《"互联网 + 可信身份认证平台"政务服务应用——以浙江"最多跑一次"改革实践为例》，载于《警察技术》2020 年第 3 期，第 21 ~ 25 页。

［17］向自强：《互联网思维与社会的智慧治理》，载于《四川日报》2015 年 9 月 25 日。

［18］姜秀明：《智慧交通的发展趋势与应用》，载于《中国公共安全：综合版》2018 年第 8 期，第 83 ~ 88 页。

［19］柳亚男：《物联网技术在医疗领域的应用》，载于《科学与信息化》2017 年第 34 期，第 28 ~ 29 页。

［20］王家耀、武芳、郭建忠等：《时空大数据面临的挑战与机遇》，载于《测绘科学》2017 年第 7 期，第 1 ~ 7 页。

［21］自然资源部：《智慧城市时空大数据平台建设技术大纲（2019 年版）》，第 3 页。

［22］刘盼雨、王昊天、郑栋毅、刘芳：《多源异构文化大数据融合平台设计》，载于《华中科技大学学报（自然科学版）》2021 年第 2 期，第 95 ~ 101 页。

［23］周耀林、刘晗：《数据 3.0 思维下的文化大数据应用研究》，载于《学习与实践》2019 年第 9 期，第 118 ~ 127 页。

第 5 章

大数据技术

84. 结构化数据和非结构化数据是什么？其区别是什么？

结构化数据也称作行数据，是用二维表结构来逻辑表达和实现的数据，严格地遵循数据格式与长度规范，主要通过关系型数据库进行存储和管理。与结构化数据相对应的是不适于用数据库二维表来表现的非结构化数据，包括所有格式的办公文档、XML、HTML、各类报表、图片和音频、视频信息等。支持非结构化数据的数据库采用多值字段、了字段和变长字段机制进行数据项的创建和管理，广泛应用于全文检索和各种多媒体信息处理领域。[1]

相对于结构化数据而言，非结构化数据是数据结构不规则或不完整，没有预定义的数据模型，不方便用数据库二维逻辑表来表现的数据。包括所有格式的办公文档、文本、图片、XML、HTML、各类报表、图像和音频视频信息等。[2]

非结构化信息有一些自己的特点，第一，其格式非常多样。第二，标准是多样性的，不像结构化的数据一目了然。其特点还包括分布于异构系统，另外，非结构化信息特别是多媒体数据信息量是非常大的。那么从另外一个信息整合角度来看，信息需要集成，这也是目前信息整合的挑战。在平台上可以使用不同的方式处理不同的数据对象，但是终端客户需要看到个性化完整内容的整合。第三，在技术上非结构化信息比结构化信息更难标准化和理解。所以存储、检索、发布以及利用需要更加智能化的技术，比如海量存储、智能检索、知识挖掘、内容保护、信息的增值开发利用等。[2]

85. 大数据的收集方法有哪些?

大数据的收集方法主要可以分为离线采集、实时采集、互联网采集三类。

(1) 离线采集。

离线采集使用的工具是 ETL (Extract – Transform – Load), 是数据库和数据仓库常用的一种数据采集方法, 用来描述将数据从来源端经过抽取 (extract)、转换 (transform)、加载 (load) 至目的端的过程, 目的是将企业中的分散、零乱、标准不统一的数据整合到一起, 为企业的决策提供分析依据。ETL 为商业智能提供了非常重要的技术支持, 常用在数据仓库, 但其对象并不限于数据仓库。

(2) 实时采集。

实时采集主要用在考虑流处理的业务场景, 比如, 用于记录数据源的执行的各种操作活动、网络监控的流量管理、金融应用的股票记账和 Web 服务器记录的用户访问行为。

实时采集使用的工具主要有 Flume 和 Kafka。Flume 是 Cloudera 公司提供的一个高可用的、高可靠的、分布式的海量日志采集、聚合和传输的系统, Flume 支持在日志系统中定制各类数据发送方, 用于收集数据。同时, Flume 提供对数据进行简单处理, 并写到各种数据接受方 (可定制) 的能力。Kafka 是一种高吞吐量的分布式发布订阅消息系统, 它可以处理消费者在网站中的所有动作流数据。

(3) 互联网采集。

互联网采集是指通过网络爬虫或网站公开 API 等方式, 从网站上获取大数据信息, 该方法可以将非结构化数据从网页中抽取出来, 将其存储为统一的本地数据文件, 并以结构化的方式存储。它支持图片、音频、视频等文件或附件的采集。

一般来说, 网络爬虫工具基本可以分类 3 类: 分布式网络爬虫工具 (Nutch)、Java 网络爬虫工具 (Crawler4j、WebMagic、WebCollector)、非 Java 网络爬虫工具 (Scrapy)。[3]

86. 数据库经过了哪些演变？

1）数据库技术的历史和发展

数据库技术是 20 世纪 60 年代开始兴起的一门信息管理自动化的新兴学科，是计算机科学中的一个重要分支。随着计算机应用的不断发展，在计算机应用领域中，数据处理越来越占主导地位，数据库技术的应用也越来越广泛。

数据库是数据管理的产物。数据管理是数据库的核心任务，内容包括对数据的分类、组织、编码、储存、检索和维护。随着计算机硬件和软件的发展，数据库技术也不断地发展。从数据管理的角度看，数据库技术到目前共经历了人工管理阶段、文件系统阶段和数据库系统阶段。

（1）人工管理阶段。

自 1946 年 2 月第一台电子计算机诞生至 20 世纪 50 年代中期，计算机主要应用于科学计算。当时，计算机除了硬件设备外，并没有任何的软件可以用于存储数据，而使用的外存也只有磁带、卡片和纸带，并没有磁盘等直接存储设备，软件中只有汇编语言，没有操作系统，所以数据只能采用人工管理的方式。

如下所述①人工管理阶段存在许多弊端。

①不能长期保存数据。由于数据存储在处理数据的程序中，导致数据与程序组成一个整体，程序运行时数据载入，程序结束时数据随着内存的释放而消失。即使是存储在磁带或卡片等外存中的数据，也只是一些临时数据。

②没有软件对数据进行保存。程序设计者不仅要考虑数据之间的逻辑结构，还要考虑数据的存储结构、存取方式等。

③数据面向应用（数据不能共享）。数据是附属于程序的，即使两个程序拥有相同的新据，也必须设计各自的数据存储结构和存取方式，还不能实现相同数据的共享，因此会身致程序与程序之间存在大量的重复数据。

④数据不具备独立性。由于数据依托于程序，因此一旦数据的存储结构发生变化，就会导致程序的改变，使得数据没有独立性。

（2）文件系统阶段。

20 世纪 50 年代后期至 60 年代中期，由于出现了磁盘、磁鼓等直接存储设备，软件也有了各种高级语言和操作系统，因此计算机不仅可以应用于科学计算，还被大量应用于经营管理活动。人们可以将程序所需的大量数据组织成数据文件，长期保存到直接存储设备中，然后利用操作系统中的文件管理功能随时对数据进行存取。

发展到文件系统阶段，对于数据的存储已经有了质的飞跃，该阶段的主要特点如下：

①数据可以长期保存。数据保存在磁盘上，用户可以通过程序对数据进行增、删、改、查一系列的操作。

②使用文件系统来管理数据。文件系统是程序与数据之间的接口，程序需要通过文件系统建立、存储和操作数据。

③数据冗余大（数据共享性差）。因为文件是为特定的用途设计的，所以会造成数据在多个文件中被重复存储。

④数据不一致。这是由于数据冗余和文件的独立性造成的，在更新数据时，很难保证相同数据在不同文件中的一致性。

⑤数据独立性差。修改文件的存储结构后，相关的程序也需要修改。

（3）数据库系统阶段。

20 世纪 60 年代后期，存储技术不断发展，出现了大容量的磁盘，因此计算机管理和处理的数据量急剧增加，原有的文件系统已经不能满足大量用户对数据共享性、独立性及安全性的需求，所以数据库应运而生。

1968 年，IBM 公司成功研发出数据库系统，这标志着数据管理技术进入了第三个阶段，即数据库系统阶段。在该阶段中，数据库替代了文件来存储数据，使得计算机能够更快速地处理大量的数据。数据库系统阶段弥补了文件系统阶段的不足，具有如下特点：

①数据的结构化。通过存储路径实现记录之间的联系，这是文件系统所不具备的。

②数据面向系统（数据实现了共享）。对于任何一个系统来说，数据库中的数据结构是透明的，任何程序都可以通过标准化接口来访问数据库。

③数据的独立性强。数据的逻辑结构和物理结构实现了分离，用户以简单的逻辑结构操作数据即可，无须考虑数据的物理结构，转换工作由数据库管理系统实现。

④数据的安全性。并非任意用户都可以存取数据库中的数据，数据库的安全性控制可以防止非法用户对数据的非法操作。[4]

2）三代数据库系统的发展

数据模型是数据库系统的核心。按照数据模型发展的主线，数据库技术的形成过程和发展可从以下三个方面反映：

（1）第一代数据库系统：层次和网状数据库管理系统。

层次和网状数据库的代表产品是 IBM 公司在 1969 年研制出的层次模型数据库管理系统。层次数据库是数据库系统的先驱，而网状数据库则是数据库概念、方法、技术的奠基。

（2）第二代数据库系统：关系数据库管理系统（RDBMS）。

1970 年，IBM 公司的研究员埃德加·弗兰克·科德（E. F. Codd）在题为《大型共享数据库数据的关系模型》的论文中提出了数据库的关系模型，为关系数据库技术奠定了理论基础。到了 20 世纪 80 年代，几乎所有新开发的数据库系统都是关系型的。真正使得关系数据库技术实用化的关键人物是詹姆士·格雷（James Gray）。詹姆士·格雷在解决如何保障数据的完整性、安全性、并发性以及数据库的故障恢复能力等重大技术问题方面发挥了关键作用。关系数据库系统的出现，促进了数据库的小型化和普及化，使得在微型机上配置数据库系统成为可能。

（3）新一代数据库技术的研究和发展。

目前已从多方面发展了现行的数据库系统技术。我们可以从数据模型、新技术内容、应用领域三个方面概括新一代数据库系统的发展。

①面向对象的方法和技术对数据库发展的影响最为深远。20 世纪 80 年代，面向对象的方法和技术的出现，对计算机各个领域，包括程序设计语言、软件工程、信息系统设计以及计算机硬件设备等都产生了深远影响，也给面临新挑战的数据库技术带来了新的机遇和希望。数据库研究人员借鉴和吸收了面向对象的方法和技术，提出了面向对象的数据库模型（简称对象模型）。当前有许多研究是建立在数据库已有的成果和技术上的，针对不同的应用，对传统的 DBMS，主要是 RDBMS 进行不同层次上的扩充，例如建立对象关系（OR）模型和建立对象关系数据库（ORDB）。

②数据库技术与多学科技术的有机结合。数据库技术与多学科技术的有机结合是当前数据库发展的重要特征。计算机领域中其他新兴技术的发展对数据库技术产生了重大影响。传统的数据库技术和其他计算机技术的结合、互相渗透，使数据库中新的技术内容层出不穷。数据库的许多概念、技术内容、应用领域，甚至某些原理都有了重大的发展和变化。建立和实现了一系列新型的数据库，如分布式数据库、并行数据库、演绎数据库、知识库、多媒体库、移动数据库等，它们共同构成了数据库大家族。

③面向专门应用领域的数据库技术的研究。为了适应数据库应用多元化的

要求，在传统数据库基础上，结合各个专门应用领域的特点，研究适合该应用领域的数据库技术，如工程数据库、统计数据库、科学数据库、空间数据库、地理数据库、Web 数据库等，这是当前数据库技术发展的又一重要特征。同时，数据库系统结构也由主机/终端的集中式结构发展到网络环境的分布式结构，随后又发展成两层、三层或多层客户/服务器结构以及 Internet 环境下的浏览器/服务器和移动环境下的动态结构。多种数据库结构满足了不同应用的需求，适应了不同的应用环境。

87. 大数据信息处理分为哪几个环节？主要受到哪些限制？

大数据按照信息处理可以分为数据采集、数据预处理、数据存储及管理、数据分析、数据可视化、数据应用六个环节。而制约大数据信息处理的主要有以下几个方面：

（1）数据采集环节中数据的真实性和完整性存在风险。

在数据采集环节，大数据体量大、种类多、来源复杂的特点为数据的真实性和完整性校验带来困难。目前，尚无严格的数据真实性、可信度鉴别和检测手段，无法识别并剔除虚假甚至恶意的数据。若黑客利用网络攻击向数据采集端注入脏数据，会破坏数据真实性，故意将数据分析的结果引离最初预设的方向，进而实现操纵分析结果的攻击目的。

（2）数据流动路径的复杂化导致追踪溯源变得异常困难。

大数据应用体系庞杂，频繁的数据共享和交换促使数据流动路径变得交错复杂，数据从产生到销毁不再是单向、单路径的简单流动模式，也不再仅限于组织内部流转，而是从一个数据控制者流向另一个控制者。在此过程中，实现异构网络环境下，跨越数据控制者或安全域的全路径的数据追踪溯源变得更加困难。比如 2018 年 3 月的"剑桥分析"事件中，Facebook 公司由于对第三方使用数据缺乏有效的管理和追责机制，最终导致 8700 万名用户资料被滥用，给公司带来了股价暴跌、信誉度下降等严重后果。

（3）大数据安全问题日趋严重，安全风险复杂严峻。

大数据安全威胁渗透在数据生产、采集、处理和共享等大数据产业链的各个环节。风险成因复杂交织，既有外部攻击，也有内部泄露；既有技术漏洞，也有管理缺陷；既有新技术新模式触发的新风险，也有传统安全问题的持续触发。除了数据泄露威胁持续加剧等问题，大数据的体量大、种类多等特点，使得大数据环境下的数据安全出现了有别于传统数据安全的新威胁。

（4）大数据处理给个人隐私安全带来挑战。

在大数据环境下，企业对多来源多类型数据集进行关联分析和深度挖掘，可以复原匿名化数据，进而能够识别特定个人或获取其有价值的个人信息。在传统的隐私保护中，数据控制者针对单个数据集孤立地选择隐私保护技术和参数来保护个人数据，特别是利用去标识、掩码等技术的做法。目前还无法应对上述大数据场景下多源数据分析挖掘引发的隐私泄露问题。[5]

88. 数据清洗是什么？

数据清洗（data cleaning）技术主要应用于数据仓库、数据挖掘和全面数据质量管理三个方面，针对这些不同的方面，对于数据清洗的认识也不尽相同。截至目前，数据清洗还没有一个公认的定义，但主要内容大体相同。一般来说，只要是有助于解决数据质量问题的处理过程就被认为是数据清洗。不同领域的数据清洗定义有所不同[6]：

（1）在数据仓库领域中，数据清洗被定义为清除错误和不一致数据的处理过程，同时需要解决元组重复问题和数据孤立点问题等。数据清洗并不是简单地对脏数据进行检测和修正，还涉及一部分数据的整合与分解。

（2）在数据挖掘领域中，首先需要进行数据预处理，保证数据质量，这个过程就是数据清洗的过程。各种不同的数据挖掘系统都是针对特定的应用领域进行数据清洗的。

（3）在全面数据质量管理领域中，数据清洗是一个学术界和商业界都感兴趣的问题，在这一方面，麻省理工学院一直致力于全面数据质量管理的研究。全面数据质量管理可以有效解决整个信息业务过程中的数据质量问题以及数据集成问题。在该领域中，没有直接定义数据清洗过程。一般将数据清洗过程定义为一个评价数据正确性并改善其质量的过程[7]。

89. 数据可视化是什么？

数据可视化是一种同时具有普适性和独特性的、以服务为导向的综合性研究系统；是集技术实现和艺术表达的综合性学科；是一种有效传播信息的图形语言；是一种进行科学、工程实验和工业生产的可靠工具；是一种信息发现和预测以及进行决策行为的辅助手段；是将任何形式且有意义的数据进行可理解性展现的完整过程[8]。

90. 数据虚拟化是什么？

数据虚拟化（data virtualization）是针对异构、多源、多所有者的数据集，通过对数据资源的逻辑虚拟化，实现数据的集成管理并提供统一的访问接口，以便为各种数据消费需求提供跨数据源整合的数据服务。

数据消费者不用关心数据的数据源和集成方式，以及数据的存储位置与方式、访问接口等细节，数据虚拟化将这些技术细节对用户隐藏，通过一个逻辑抽象层集成管理数据，整合各个数据源。数据的清洗、转换与加载在逻辑抽象层完成，实现了以完全透明的方式访问所有的数据源。同时，数据处理整合的周期变得更短更灵活，并且能够确保数据的统一访问、建模、部署、优化和管理，逻辑上就像一个统一的数据资源。用户只需通过统一的接口进行访问即可[9]。

91. 分布式计算、网格计算、并行计算、高性能计算、边缘计算、按需计算、效用计算分别是什么？

分布式计算（distributed computation）将该应用分解成许多小的部分，分配给多台计算机进行处理。这样可以节约整体计算时间，大大提高计算效率[1]。

网格计算（grid computing）是当前互联网研究中的一个热点，也是并行和分布处理技术的一个发展方向。在网格计算中，任务管理、任务调度和资源管理是网格必须具备的三个基本功能。用户通过任务管理系统向网格提交任务、为任务指定所需资源、删除任务并监测任务的运行状态。用户提交的任务由任务调度系统按照任务的类型、所需资源、可用资源等情况安排运行日程和策略[10]。

并行计算是计算机算法的一种，它可以在一次算法的执行过程中完成系统给出的多个指令，提升了计算机的工作速度。在并行计算的执行过程中，可以分为时间和空间上的并行，时间上的并行计算形式主要是指流水线的技术，而空间上的并行则是指在计算过程中多个指示器发出的多个执行运算。并行计算在计算的过程中之所以可以执行多个系统设定的指令，是因为它利用了多个处理器将问题系统性的分开，不同的处理器执行不同的计算任务，再将多个任务完成后的结果整合起来成为一个总的运算结果。在计算的过程中，系统既可以是同一台计算机中有多个处理器来完成计算任务，又可以是多个计算机分开使用，分配不同的任务来计算的一个计算机群。这两种存在形式都可以将初始的问题计算出来并实行计算，最后再将计算结果导出，形成系统的并行计算模式。

并行计算的优点在于将整体的计算机运算分开，将整体系统性分散，利用多个处理器或计算机来完成计算过程，而且整个运算分开后，指令很简单的就可以执行成功，充分地省下了计算时间，为后续的计算工作留出了很大的执行空间[11]。

高性能计算（high performance computing，HPC）是指提供超过平均水平资源的不同形式的计算。传统上，HPC 以低延迟、高吞吐量、大规模并行和大规模分布式系统为特点[12]。

边缘计算（edge computing，EC）起源于传媒领域，是指在靠近物或数据源头的一侧，采用网络、计算、存储、应用核心能力为一体的开放平台，就近提供最近端服务。其应用程序在边缘侧发起，产生更快的网络服务响应，满足行业在实时业务、应用智能、安全与隐私保护等方面的基本需求。边缘计算处于物理实体和工业连接之间，或处于物理实体的顶端。

按需计算（on-demand computing）即在未来的信息世界，人们不再需要购买实际的计算机，而是可以购买一种计算能力，而这种计算能力可以帮助用户解决现有计算机系统所解决的问题。这很像我们现在购买电或水一样。

效用计算（utility computing）是一种资源共享、按需服务的应用模式，是未来数据中心的发展方向[13]。

92. IPv4、IPv6、IPv9 是什么？

网际协议版本 4（internet protocol version 4，IPv4），又称互联网通信协议第四版，是网际协议开发过程中的第四个修订版本，也是此协议第一个被广泛部署和使用的版本。IPv4 使用 32 位（4 字节）地址，因此地址空间中只有 2^{32} 个地址。不过，一些地址是为特殊用途所保留的，如专用网络（约 1800 万个地址）和多播地址（约 2.7 亿个地址），这减少了互联网上路由的地址数量。随着地址不断被分配给最终用户，IPv4 地址枯竭问题也在随之产生。基于分类网络、无类别域间路由和网络地址转换的地址结构重构显著地减少了地址枯竭的速度。(2019 年 11 月 26 日，全球 IPv4 地址耗尽）。

网际协议第 6 版（internet protocol version 6，IPv6）是网际协议的最新版本，用作互联网的网络层协议。用它来取代 IPv4 主要是为了解决 IPv4 地址枯竭问题，同时它也在其他方面对于 IPv4 有许多改进。IPv6 具有比 IPv4 大得多的编码地址空间。这是因为 IPv6 采用 128 位的地址，而 IPv4 使用的是 32 位。因此新增的地址空间支持 2^{128}（约 3.4×10^{38}）个地址，也可以说是 16^{32} 个，因为 32 位地址每位可以取 16 个不同的值。网络地址转换是当前减缓 IPv4 地址耗尽最有效的方式，而 IPv6 的地址消除了对它的依赖，被认为足够在可以预测的未来使用。就以地球人口 70 亿人计算，每人平均可分得约 4.86×10^{28}（486117667×10^{20}）个 IPv6 地址[14]。

IPv9 协议最早始于 TCP/IP 协议公开的 RFC1606 和 RFC1607 文档中，展望了 21 世纪网络的设想，设计者构想将地址由 32 位扩展到 256 位，提出直接路由假设，希望通过一系列协议，让 IPv4、IPv6、IPv9 能在互联网中同时使用。为了掌握互联网的控制权、地址分配权、信息监控权、技术专利的拥有权等，中国信息产业部科技司支持 IPv9，是推行 IPv9 的最大动力，从而成为世界研究热点[15]。

IPv9 用 256 位表示地址，使用"中括号十进制"表示法，为接口指定 256 位的标识符，有单播、任播、组播地址类型。所有类型 IPv9 地址都被分配到接口，而不是节点，采用全数字码分配地址的方法，解决传统网络技术上电子政务和电子商务所不能解决的诸多问题。IPv9 延伸了 IPv4 模型，一个子集前缀关联一条链路，多个子集前缀可指定给同一链路[15]。

93. HaaS、IaaS、PaaS、SaaS、DaaS 是什么？

硬件即服务（hardware as a service，HaaS），HaaS 概念的出现源于云计算，现在被称作基础设施即服务（IaaS）或基础架构云，使用 IaaS，各企业可通过 Web 将更多的基础设施容量作为服务提供。HaaS 还具有另外一层含义是针对嵌入式设备而言的，目的在于建立通过互联网（Web）进行嵌入式设备统一管理服务的模式。在这种情况下，HaaS 类似于 SaaS。

基础设施即服务（infrastructure as a service，IaaS），由于云计算的兴起，HaaS 逐渐等同于 IaaS。云计算的服务商（以下简称云端公司）把相关的 IT 环境的基础设施建设好，然后直接对外出租硬件服务器或者虚拟机。消费者可以利用所有计算基础设施，包括处理 CPU、内存、存储、网络和其他基本的计算资源，用户能够部署和运行任意软件，包括操作系统和应用程序。IaaS 如图 5 - 1 所示。

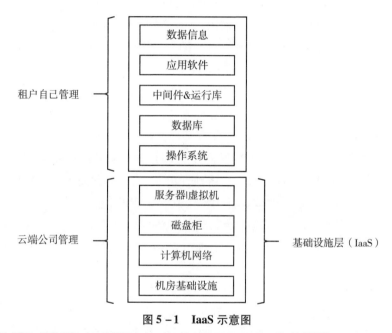

图 5 - 1　IaaS 示意图

资料来源：笔者根据《云计算概念之——IasS、SasS、PasS、DaaS》整理所得。

云端公司一般都会有一个自助网站，用户可以向云端公司签订租赁协议以获取一个账号，登录之后可以管理自己的计算设备：开关机、安装操作系统、安装应用软件等。

IaaS 型租用方式对用户来说优点很明显，就是非常灵活，也是自由度最大的一种类型。用户可以决定安装什么操作系统，以及是否需要安装或者安装什么类型的数据库，安装什么软件等。就像自己买了台电脑，如何使用是你全权做主。

不过缺陷也很明显，除了管理维护量大之外，还有一个缺陷就是：计算资源严重浪费。操作系统、数据库以及中间件本身就要消耗大量的计算资源，而这些消耗对于租户来说是必需的但又是无用的，因为用户只是想要运行软件。

平台即服务（platform as a service，PaaS），即把运行用户所需的软件的平台作为服务出租。PaaS 如图 5-2 所示。

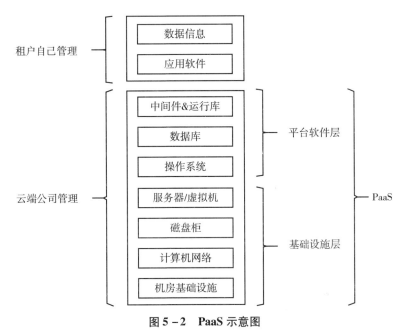

图 5-2 PaaS 示意图

资料来源：笔者根据《云计算概念之——IasS、SasS、PasS、DaaS》整理所得。

云端公司要做的事情就是将运行软件所需要的下 7 层部署完毕，然后在 PaaS 上划分成小块容器对外出租，租户只需要安装和使用软件就可以了。

平台软件层包括操作系统、数据库、中间件和运行库，但是并不是每一个软件都需要这四部分的支持，需要什么是由软件决定的。所以 PaaS 又分为两种，即半平台 PaaS 和全平台 PaaS。

半平台 PaaS 是指只安装操作系统，其他的租户自己去解决。这样会比较麻烦，因为你需要有较强的技术实力，而且需要耗费部分资源去安装软件运行需要的中间件、运行库、数据库。

全平台 PaaS 是指安装应用软件依赖全部平台软件，也就是 4 部分全部准备完毕。不过世界上的应用软件如此庞大，支撑他们的语言、数据库、中间件、运行库可能都不一样，PaaS 云端公司不可能全部都去安装，所以他们支持的软件是有限的。

相对于 IaaS 来说，PaaS 租户的灵活性降低了，只能在云端提供的有限平台范围内做软件，但是有点也很明显，能够最大化利用租用的资源和不需要租户有高深的 IT 技术。

软件即服务（software as a service，SaaS），把软件租出去，用户连安装都不需要了。SaaS 如图 5 - 3 所示。

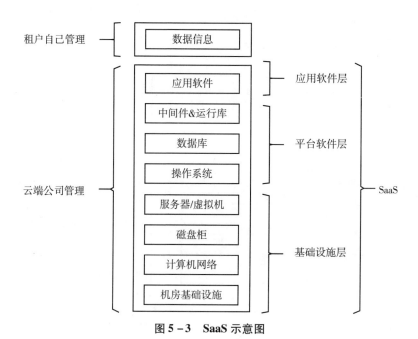

图 5 - 3　SaaS 示意图

资料来源：笔者根据《云计算概念之——IasS、SasS、PasS、DaaS》整理所得。

对比 PaaS 略微有一点不同，应用软件是云端公司来安装、运维的，租户使用软件，需要管理的是这些软件产生的数据信息。

数据即服务（data as a service，DaaS），云端公司负责建立全部的 IT 环境，收集用户需要的基础数据并且做数据分析，最后对分析结构或者算法提供编程接口，让数据成为服务。DaaS 如图 5 - 4 所示。

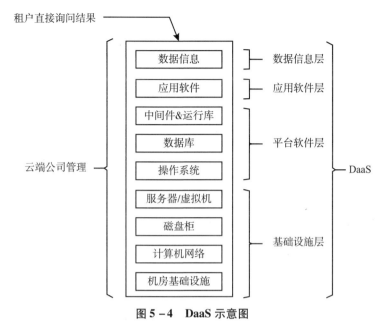

图 5 - 4　DaaS 示意图

资料来源：笔者根据《云计算概念之——IasS、SasS、PasS、DaaS》整理所得。

DaaS 是大数据时代的象征，能做 DaaS 服务的云端公司需要从数据积累、数据分析和数据交付三方面积累自身的核心竞争力。[16 - 17]

94. 有监督学习、无监督学习、半监督学习、强化学习是什么？

有监督学习（supervised learning）是有特征和标签的，学习到一个将数据映射到标签上的函数[18]。

打个比方：高考试题是在考试前就有标准答案的，在学习和做题的过程中，可以对照答案，分析问题找出方法。在高考题没有给出答案的时候，也是可以给出正确的解决。这就是有监督学习。有监督学习是最常见的一种机器学习。

一句话概括：给定数据，预测标签。通过已有的一部分输入数据与输出数据之间的对应关系，生成一个函数，将输入映射到合适的输出，例如分类。

无监督学习（unsupervised learning）只有特征，没有标签[19]。

打个比方：高考前的一些模拟试卷，是没有标准答案的，也就是没有参照是对还是错，但是我们还是可以根据这些问题之间的联系将语文、数学、英语分开，这个过程就叫作聚类。在只有特征，没有标签的训练数据集中，通过数据之间的内在联系和相似性将他们分成若干类。无监督学习常常被用于数据挖掘。

一句话概括：给定数据，寻找隐藏的结构。

以上两者的区别：监督学习只利用标记的样本集进行学习，而无监督学习只利用未标记的样本集进行学习[20]。

半监督学习（semi-supervised learning）使用的数据，一部分是标记过的，而大部分是没有标记的。和监督学习相比较，半监督学习的成本较低，但是又能达到较高的准确度。综合利用有类标的和没有类标的数据，来生成合适的分类函数。

半监督学习出现的背景：实际问题中，通常只有少量的有标记的数据，因为对数据进行标记的代价有时很高，比如在生物学中，对某种蛋白质的结构分析或者功能鉴定，可能会花上生物学家很多年的工作，而大量的未标记的数据却很容易得到[21-22]。

强化学习（reinforcement learning）：强化学习也是使用未标记的数据，但是可以通过一些方法知道你是离正确答案越来越近还是越来越远（奖惩函数）。可以把奖惩函数看作正确答案的一个延迟、稀疏的形式，可以得到一个延迟的反馈，并且会提示你是离答案越来越近还是越来越远。强化学习通常被用在机器人技术上[23]。

95. 人工智能、机器学习、深度学习和神经网络有何区别？

人工智能（artificial intelligence，AI）：人类通过直觉可以解决的问题，如：自然语言理解、图像识别、语音识别等，计算机很难解决，而人工智能就是要解决这类问题[24]。

机器学习（machine learning，ML）：机器学习是一种能够赋予机器学习的能力的方法，以此让它完成直接编程无法完成的功能。但从实践的意义上来说，机器学习是一种通过利用数据，训练出模型，然后使用模型预测的一种方法[25]。

深度学习（deep learning，DL）：其核心就是自动将简单的特征组合成更加复杂的特征，并用这些特征解决问题[26]。

神经网络（neural networks，NN）：最初是一个生物学的概念，一般是指大脑神经元、触点、细胞等组成的网络，用于产生意识，帮助生物思考和行动，后来人工智能受神经网络的启发，发展出了人工神经网络[27]。人工智能、机器学习、深度学习、神经网络的关系如图 5-5 所示。

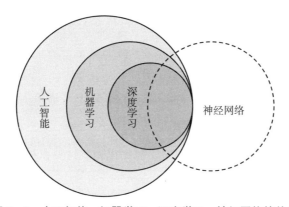

图 5-5　人工智能、机器学习、深度学习、神经网络的关系

资料来源：笔者根据人工智能、机器学习、深度学习、神经网络概念说明整理所得。

机器学习是一种实现人工智能的方法，强化学习和深度学习是一种实现机器学习的技术，神经网络是实现机器学习的一种数据结构[24]。

96. 机器学习中分类和聚类的区别是什么？

聚类（clustering）将物理或抽象对象的集合分成由类似的对象组成的多个类的过程被称为聚类。聚类分析的一般做法是，先确定聚类统计量，然后利用统计量对样品或者变量进行聚类。对 N 个样品进行聚类的方法称为 Q 型聚类，常用的统计量称为"距离"；对于 m 个变量进行聚类的方法称为 R 型聚类，常用的统计量称为"相似系数"。常用的聚类算法：K - mean，Mean - shift，Birch。

分类（classification）在已有分类标准下，对新数据进行划分，分类。常用分类算法：朴素贝叶斯（Naive Bayes，NB），Logistic 回归（Logistic Regression，LR），决策树（Decision Tree，DT），支持向量机（Support Vector Machine，SVM）。

举例：同一组数 {1，5，7，8}。

聚类：如果聚成两类则可以是 {1} 和 {5，7，8}，因为 5、7、8 三个数字距离不超过 3。但是 1 离 5、7、8 中最近的 5 的距离为 4。所以，分为两类的情况下，1 为一类，5、7、8 为一类。

分类：如果事先设定 1 ~ 5 为一类，6 ~ 10 为一类。按规则执行，结果则分为 {1，5} 和 {7，8} 两类。

由上例可得，分类与聚类有着明显的不同。一般来说，分类器是需要训练的，也就是要告诉你的算法，每个类的特征是什么样子，它才能识别新的数据。[28]

97. 与机器学习有关的领域有哪些？

机器学习与模式识别、统计学习、数据挖掘、计算机视觉、语音识别、自然语言处理等领域有着很深的联系。

（1）模式识别（pattern recognition，PR）。模式识别与机器学习较为相似。两者的主要区别在于前者是从工业界发展起来的概念，后者则主要源自计算机学科。在著名的《模式识别与机器学习》（*Pattern Recognition And Machine Learning*）这本书中，克里斯托弗·毕晓普（Christopher M. Bishop）在开头是这样说的："模式识别源自工业界，而机器学习来自计算机学科。不过，它们中的活动可以被视为同一个领域的两个方面，同时在过去的 10 年间，它们都有了长足的发展。"

（2）数据挖掘（data mining，DM）。数据挖掘可以简单地理解为机器学习与数据库的结合。它是数据库知识发现中的一个步骤。数据挖掘一般是指从大量的数据中通过算法搜索隐藏于其中的信息的过程。这几年数据挖掘的概念实在是太耳熟能详，几乎等同于炒作。但凡说数据挖掘都会吹嘘数据挖掘如何如何，例如从数据中挖出金子，以及将废弃的数据转化为价值等。但是，尽管可能会挖出金子，但也可能挖的是石头。这个说法的意思是，数据挖掘仅仅是一种思考方式，告诉我们应该尝试从数据中挖掘出知识，但不是每个数据都能挖掘出金子的，所以不要神话它。一个系统绝对不会因为上了一个数据挖掘模块就变得无所不能，恰恰相反，一个拥有数据挖掘思维的人员才是关键，而且他还必须对数据有深刻的认识，这样才可能从数据中导出模式并指引业务的改善。大部分数据挖掘中的算法是机器学习的算法在数据库中的优化。

（3）统计学习（statistical learning，SL）。统计学习近似等于机器学习。统计学习是个与机器学习高度重叠的学科。因为机器学习中的大多数方法来自统计学，甚至可以认为，统计学的发展促进机器学习的繁荣昌盛。例如著名的支持向量机算法，就是源自统计学科。但是在某种程度上两者是有分别的，这个分别在于：统计学习者重点关注的是统计模型的发展与优化，偏数学，而机器学习者更关注的是能够解决问题，偏实践，因此机器学习研究者会重点研究学习算法在计算机上执行的效率与准确性的提升。

（4）计算机视觉（computer vision，CV）。计算机视觉可以简单地理解为图像处理与机器学习的结合。图像处理技术用于将图像处理为适合进入机器学习模型中的输入，机器学习则负责从图像中识别出相关的模式。计算机视觉相关的应用非常的多，例如图像识别、手写字符识别、车牌识别等等应用。这个领域是应用前景非常火热的，同时也是研究的热门方向。随着机器学习的新领域深度学习的发展，大大促进了计算机图像识别的效果，因此未来计算机视觉界的发展前景不可估量。

（5）语音识别（speech recognition，SR）。语音识别可以简单地理解为语音处理与机器学习的结合。语音识别就是音频处理技术与机器学习的结合。语音识别技术一般不会单独使用，一般会结合自然语言处理的相关技术。

（6）自然语言处理（natural language processing，NLP）。自然语言处理可以简单地理解为文本知识库处理与机器学习的结合。自然语言处理是指机器理解并解释人类写作、说话方式的能力。自然语言处理技术主要是让机器理解人类的语言的一门领域。在自然语言处理技术中，大量使用了编译原理相关的技术，例如词法分析，语法分析等，除此之外，在理解这个层面，则使用了语义理解，机器学习等技术。自然语言处理的目标是让计算机或机器在理解语言上像人类一样智能。最终目标是弥补人类交流（自然语言）和计算机理解（机器语言）之间的差距。自然语言处理的应用包括机器翻译、情感分析、智能问答、信息提取、语言输入、舆论分析、知识图谱等方面。自然语言处理还有两大子集，即自然语言理解（natural language understanding，NLU）与自然语言生成（natural language generation，NLG）。作为唯一由人类自身创造的符号，自然语言处理一直是机器学习界不断研究的方向。如何利用机器学习技术进行自然语言的深度理解，一直是工业和学术界关注的焦点。[29-30]

98. 特征工程是什么？

根据杰森·布朗利（Jason Brownlee，2014）的定义，特征工程（feature engineering）是将原始数据转换为特征的一个过程，目的是更好地向预测模型展示问题的根本，以提升对于原始数据建模的准确性。所有机器学习算法的成功都依赖于如何展示数据。

在机器学习中，特征是数据集中抽取出来的对结果预测有用的信息，也是机器学习算法模型对样本进行预测的主要依据，是决定机器学习算法模型性能上限的重要因素。在结构不同的数据集中，特征也具有不同的形态。在由变量或属性（列）和实例（行）组成的表格（结构化）数据集中，变量或属性可以被当作特征；在计算机视觉领域，数据集可能由若干副图像组成，则特征可能是图像中的一条直线或曲线；在自然语言处理中，一个文档是数据集中的一个样本，则其中的一个短语或某个单词计数可能会被当作特征；在语音识别中，一段语音可以是一个数据样本，则特征可能是单个单词或者一个音节。总的来说，特征是对原始数据进行处理得到的用于描述样本个体的信息，在特征被实际使用进行预测之前，无法保证原始属性或者抽取出的特征是否对结果预测有正面作用。因此，如果要得到一个有效的预测模型，还需要进行额外的工作来尽量保证抽取的特征是有效的，这个工作便称为特征工程。可以说特征工程是机器学习成功的关键。

特征工程是使用专业背景知识和技巧处理原始数据，生成一些能够描述样本特征的信息，来替代原始数据作为模型的输入，使得特征能在机器学习算法上发挥更好的作用的过程。特征工程是比较难和比较耗时的一个过程，它需要进行多种可能性的实验，以及领域专家的直觉和知识，在实际的数据挖掘工作中，特征工程要花费大量的时间和精力。而在完成了特征工程工作后，可能只需要建立一个简单的机器学习模型便可以得到很好的预测结果。

特征工程过程包含了特征提取、特征构造、特征选择等步骤，下面将分别介绍各个步骤的内容和作用。

（1）特征提取。

特征提取（feature extraction）是根据原始数据构建新的特征的过程，是将原始数据转换成一组具有明显物理或统计意义的特征，提取后的特征是原始属性的一个映射。在许多领域的研究与应用中，为了能够全面地描述对象，需要从多个维度角度对事物进行观察和测量，收集大量的数据来进行分析和从中寻找规律。多维度属性的观测数据为研究和应用提供了更丰富的信息，但也在一定程度上增加了处理数据的工作量，更重要的是在大多数情况下，许多属性之间可能存在相关性，从而使问题与属性之间的关系更加复杂，给分析问题带来不便。如果分别从单个维度的角度对问题进行分析，只是在孤立地建立问题与属性的联系，丢失了属性之间的相关性。如果盲目减少属性，则可能会损失很多重要的信息，导致容易产生错误的结论。因此需要利用某些方法对数据进行特征提取，在减少需要分析的属性的同时，尽量保证原始属性的信息的完整性，从而可以在对数据进行全面有效的分析同时降低数据分析的成本。提取后的特征可以更典型的描述样本，而且降低了属性集维度，有利于提升模型的预测效果。

常见的特征提取方法有主成分分析（principle components analysis，PCA）和线性评判分析（linear discriminant analysis，LDA）。两种方法都是通过消除特征之间的相关性，用一组维度更低的特征来描述样本，达到特征降维的目的。两种方法不同之处在于 PCA 无须样本的类别标签，属于无监督学习降维；LDA 需要样本的类别标签，属于有监督学习降维。概括来说，PCA 提取后的特征侧重描叙样本，而 LDA 提取后的特征侧重区分样本。

（2）特征构造。

特征构造（feature construction）是指通过一些计算方法，将原始数据中的一些属性进行结合，来生成一些新的更具有表达能力的特征。这个过程一般由人工来完成，通常需要花费时间去观察原始数据，思考问题的潜在形式和数据结构，对数据的敏感性和相关领域的了解能够帮助构造特征。

现如今，数据挖掘被定义为在数据中发现知识的过程，而在许多领域的数据挖掘的项目中，知识往往隐藏在原始数据的属性中，而这些属性并不能很好地描述数据样本，如果直接使用这些属性，很可能会引起高偏差的预测结果。然而如果能够根据原始数据的属性生成一些新的特征，这些特征可以更有效地表达数据的分布规律，那么即使使用简单的机器学习算法模型也可以达到很好的预测效果。特征构造的目的便是使特征可以更好地表达数据。

特征构造方式一般分为两种，分别是特征的线性组合和特征的非线性组合。常见的机器学习线性模型有逻辑回归、线性回归等；常见的机器学习非线性模型有决策树、神经网络等。在实际应用中，线性模型具有实现简单、易于理解、并行化高等优点，然而线性模型难以准确刻画特征之间的非线性关系，无法解决非线性的预测问题。在目前的数据挖掘领域中，特征构造一般由人工来完成，是一项耗时且困难的工作。

（3）特征选择。

特征选择（feature selection）是指从已有的特征中选择若干个特征使得机器学习模型的最终预测效果提升的过程。特征选择作为特征工程中的关键步骤，是提高模型性能的一个有效手段[31]。

99. CNN 是什么？

CNN（convolutional neural networks），即卷积神经网络，一般由卷积层和池化层组成，主要用来识别具有位移、缩放及其他形式扭曲不变性的语音、图像和视频等数据。CNN 通过训练数据进行学习，避免了显式的特征抽取。卷积神经网络中局部权值共享的特殊结构（称为卷积核）在语音识别和图像处理方面有着独特的优越性，降低了网络的复杂度。高维语音、图像等数据可以直接输入卷积网络，避免了特征提取过程中数据重建的复杂度[32]。另外，由于权值共享的卷积核结构可以更容易地实现并行学习，这也是卷积网络相对于全连接网络的一大优势。

卷积层与池化层结构如图 5-6 所示。

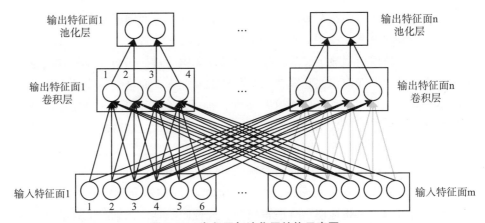

图 5-6　卷积层与池化层结构示意图

资料来源：笔者根据卷积神经网络研究综述整理所得。

100. GAN 是什么？

GAN（generative adversarial networks），即生成对抗网络。GAN 由古德费洛（Goodfellow I J）等首次提出，其计算流程与结构如下图所示。GAN 启发自博弈论中的二人零和博弈，其基本的生成问题被视作生成器网络（generator network）和判别器网络（discriminator network）这两个网络的对抗和博弈[33]。

GAN 的计算流程与结构如图 5 - 7 所示。

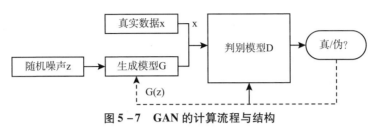

图 5 - 7　GAN 的计算流程与结构

资料来源：笔者根据基于生成对抗网络的人脸超分辨率技术整理所得。

　　生成对抗网络模型框架如图 5 - 8 所示：模糊图像 B（blurred image B）经生成器 G（generator G）得到生成图像 G（B）（generator image G（B）），判别器 D（discriminator D）以清晰图像 S（ground turth S）和生成图像 G（B）作为输入得到一个概率值表示置信度，置信度表示生成图像 G（B）是清晰图像 S 的概率，以此来判断生成器 G 的性能优劣。生成器 G 的目标是尽量生成真实的图像去欺骗判别器 D，而判别器 D 的目标是尽量把 G 生成的图像与清晰图像区分开，当判别器 D 无法区分清晰图像 S 和生成图像 G（B）时，认定此时生成器 G 的性能达到最优[34]。

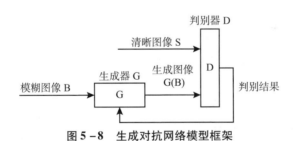

图 5 - 8　生成对抗网络模型框架

资料来源：笔者根据基于生成对抗网络去除车辆图像运动模糊模型整理所得。

101. 数据集市与数据仓库是什么？有何区别？

　　数据仓库（data warehouse）是一个面向主题的、集成的、相对稳定的、反映历史变化的数据集合用于支持管理决策等方面。对于数据仓库的概念，我们可以从两个层次予以理解。首先，数据仓库用于支持决策，面向分析型数据处理。它不同于企业现有的操作型数据库；其次，数据仓库是对多个异构的数据源有效集成,集成后按照主题进行了重组,并包含历史数据,而且存放在数据仓库中的数据一般不再修改。

数据集市(data mart)就是满足特定的部门或者用户的需求,按照多维的方式进行存储,包括定义维度、需要计算的指标、维度的层次等,生成面向决策分析需求的数据立方体。数据集市可以理解为是一个小型的部门或者工作组级别的数据仓库。数据集市是用来满足特殊用户的应用需求的数据仓库,它们的规模可能达到数百 GB。使其成为数据集市的关键是它的使用目标、范围,而非规模大小[35]。

数据仓库是企业级的,能为整个企业各个部门的运行提供决策支持手段;而数据集市则是一种微型的数据仓库,它通常有更少的数据,更少的主题区域,以及更少的历史数据,因此是部门级的,一般只能为某个局部范围内的管理人员服务,因此也称之为部门级数据仓库[35]。

数据仓库向各个数据集市提供数据,几个部门的数据集市组成一个数据仓库。数据仓库的数据结构采用规范化模式,数据集市的数据结构采用星型模式。通常数据仓库中数据的粒度比数据集市中数据的粒度要细[36]。

102. 数据中台是什么?

数据中台是一个相对性概念,是对于数据后台和数据前台,将数据分为三层,数据后台是各个分散业务数据,这些数据存储在各业务系统里,不具有数据提供能力和数据服务能力;而数据前台是提供给用户的已经治理的有效数据;数据中台是链接数据后台和数据前台,将无质量的后台数据汇集在一起,通过数据治理,梳理出有效的数据[37]。

数据中台通常认为由五部分核心架构组成,包括:

基础数据层,包括数据采集平台、计算平台、存储平台。这些可以使用云计算服务,也可以自建。

公共数据层,包括数据湖(数据仓库),负责公共数据模型的研发。还包括统一指标(标签)平台,负责把模型组织成可以对外服务的数据。

应用服务层,负责将公共数据区的数据提供对外服务,包括数据分析平台、数据接口平台、数据可视化平台,多维查询平台等。

数据研发平台,涵盖数据开发的各类工具,如脚本开发工具、数据管道工具、模型设计工具、数据调度工具等。

数据管理平台，针对全链路的数据管理，保证可以监控数据流向、数据使用效果、数据生命周期，以衡量数据的价值与成本[38-39]。

103. 数据中台和数据仓库、数据平台的关键区别是什么？

数据中台的实质是构建全域数据共享的中心，提供数据采集、数据萃取、数据服务等全链路一体化的服务，提供面向企业业务应用的数据智能平台；数据平台是以存储、运算、显示为目的的平台，它是以处理海量数据存储、计算及不间断流数据实时计算等场景为主的一套基础设施，主要是直接为业务提供数据集服务；数据仓库则是信息的集中存储库，为企业提供所有类型数据支持的战略集合，创建的目的主要是出于分析和决策支持，它以前端查询和分析作为基础，存在的问题是冗余较大，需要的存储空间较大。通过对比可以看出，数据中台更加贴近具体业务，可以为业务提供更快捷的服务，企业可以在已有的数据平台和数据仓库之上构建数据中台，也可以把数据中台看作为企业从具体数据到业务价值实现过程的中间层[40]。

从图 5-9 可以看出，数据中台首先把企业的公开数据、内部数据、线上数据、线下数据等所有数据都集成到一起，进而构建为一个大的数据集。当有相关业务需求时，再通过数据抽取，以数据集的形式提供数据应用。所以，数据中台的核心首先要做到数据高效汇集、整合、处理，进而实现在不同单位、不同专业间的共享及应用。

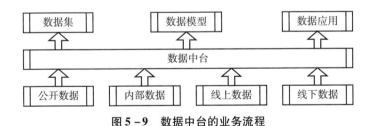

图 5-9　数据中台的业务流程

资料来源：笔者根据数据中台技术在业务系统中的应用研究整理所得。

104. 数字孪生与数字主线是什么？　有何关系？

数字孪生是指充分利用物理模型、传感器、运行历史等数据，集成多学科、多尺度的仿真过程，它作为虚拟空间中对实体产品的镜像，反映了相对应物理实体产品的全生命周期过程。数字孪生更像是智能产品，强调从产品运行维护到产品设计的反馈，可以理解为物理产品的数字化影子，通过与外界传感器的集成，反映对象从微观到宏观的所有特性，展示产品的生命周期的演进过程。

数字主线是一种可扩展、可配置的企业级分析框架。在整个系统的生命周期中，通过提供访问、整合以及将不同和分散的数据转换为可操作的信息，从而通知决策制定者。数字主线是一个允许可连接数据流的通信框架，并提供了一个包含生命周期各阶段孤立功能视图的集成视图。数字主线为在正确的时间将正确的信息传递到正确的地方提供了条件，使得产品生命周期各环节的模型能够及时进行关键数据的双向同步和沟通，实现模型在各阶段的流动、重用与反馈。

在数字化研制过程中，数字孪生是对象、模型和数据，数字主线是方法、通道、链接和接口。数字主线为产品数字孪生提供了访问、整合和转换能力，其目标是贯通产品生命周期和价值链。通过数字主线可实现产品生命周期阶段间的模型和关键数据双向交互，使产品生命周期各阶段的模型保持一致，最终实现闭环的产品全生命周期数据管理和模型管理[41]。

105. OLTP 与 OLAP 有何区别？

联机事务处理系统（online transaction processing，OLTP）是一种以事务元作为数据处理单位的人机交互的计算机应用系统，是最基本的数据库应用系统。通过 OLTP 可以对数据库中的信息进行采集、存储、更新及一定的信息查询。

联机分析处理技术（online analytical process，OLAP）是一种快速软件技术，是专门为针对复杂的决策分析进行支持而设计的。OLAP 根据管理人员以及普通业务人员的复杂的查询需求、分析需求和处理需求，对数据仓库中存储的海量数据进行快速、准确、灵活的处理。处理完成后，再通过一种相对比较直观的、决策人员可以比较容易理解的形式，将查询结果反馈给决策人员。这样，决策者就可以根据反馈的信息迅速、准确地掌握企业的经营情况，了解市场需求，进而制定发展策略[42]。

OLTP 主要是执行基本的、日常的事务处理。其特点一般有：

（1）实时性要求高。

（2）数据量不是很大。

（3）交易一般是确定的，所以 OLTP 是对确定性的数据进行存取。

（4）并发性要求高并且严格地要求事务的完整、安全性。

OLAP 侧重决策支持，并且提供直观易懂的查询结果。其特点一般有：

（1）实时性要求不是很高，很多应用基本是每天更新一下数据。

（2）数据量大，因为 OLAP 支持的是动态查询，所以用户也许要通过将许多数据统计后才能得到想要知道的信息。例如时间序列分析等，所以处理的数据量很大[43-44]。

106. 数据的钻取、上卷、切片、切块、旋转是什么？

钻取（drill-down）是指多维数据集的各个维度具有不同的层次结构，允许用户在维度的不同层次间变化，比如可以从维度的最顶层一级一级的向下展开，直到最底层，即将汇总的数据拆分到细节数据，或者减少维数。比如，通过对 2018 年某商场的年销售额进行钻取可以查看 2018 年每个季度的季销售额，再从季度继续向下钻取，可以查看季度对应的每个月的月销售额，甚至对应每天的销售额。

上卷（roll-up）是指在多维数据集的维度的层级结构上同样允许用户从低层次的数据一级一级向上汇总、概括到高层次的数据，或增加新的维度，即钻取的逆操作。比如，将北京市、天津市和河北省的销售数据进行汇总来查看京津冀地区的总的销售数据。

切片（slice）是指在多维数据集的某一维度上选定一维成员，然后查看度量值或度量值组在剩余维上的分布。比如，只选择商场中某商品的销售数据，或者河北省的销售情况。

切块（dice）是指在多维数据集的多维数组的维度上选择一些特定的维度值或者某一维上选定该维度在某一个区间的维度值进行数据分析。比如选择某商品和其同类商品的销售数据进行分析，或者 2018 年 1 月到 6 月的销售数据进行分析。

旋转（pivot）是指互换维度的位置，进而改变一个报告或页面显示的维度的方向。比如，通过旋转实现时间维和地区维的互换[45]。

107. RFID 是什么?

无线射频识别技术（RFID）是自动识别技术的一种，通过无线电波不接触快速信息交换和存储技术，通过无线通信结合数据访问技术。其通过无线电讯号识别特定目标并读写相关数据，而无须在识别系统与特定目标之间建立机械或光学接触。

某些标签在识别时从识别器发出的电磁场中就可以得到能量，并不需要电池。也有标签本身拥有电源，并可以主动发出无线电波。标签包含了电子存储的信息，数米之内都可以识别。与条形码不同的是，射频标签不一定要处在识别器视线之内，也可以嵌入被追踪物体之内。

RFID 技术是对条码技术的补充和发展。它规避了条码技术的一些局限性。为大量信息的存储、改写和远距离识别奠定了基础。与条码技术相比较，其具有以下优点:

（1）RFID 阅读器可同时辨识读取数个 RFID 标签，条形码则一次只能扫描一个。

（2）RFID 标签体积小形状多。

（3）RFID 标签耐久性强，对水、油和化学药品等物质具有强抗污染能力，条形码的纸张载体则极易被污染、脱落或折损。

（4）RFID 标签内储存的数据可以重复地新增、修改、删除，条形码印刷之后则无法更改。

（5）RFID 技术能进行穿透性通信，而条形码必须在没有物体阻挡的近距离时才可识别。

（6）RFID 标签最大容量可从几个比特到数兆字节，而且还在不断扩大，因此可以表示多项信息，还可脱离后台数据库快速准确地传递信息，而二维条码的最大容量仅为 3000 字符。

（7）RFID 标签承载的信息可按密码格式编码，内容不易被伪造及更改。RFID 阅读器比二维条码阅读器更便宜、更可靠。[45]

108. DSS 是什么?

决策支持系统（decision support system，DSS）是一个基于计算机用于支持业务或组织决策活动的信息系统。DSS 服务于组织管理、运营和规划管理层（通常是中级和高级管理层），并帮助人们对可能快速变化并且不容易预测结果的问题做出决策。决策支持系统可以是全计算机化，也可以是人力驱动，或者二者结合。

20 世纪 70 年代，由斯科特·莫顿（Scott Morton）和格里（Gorry）共同提出了决策支持系统的概念的，此后决策支持系统经历了一系列不同的阶段，如图 5 - 10 所示。

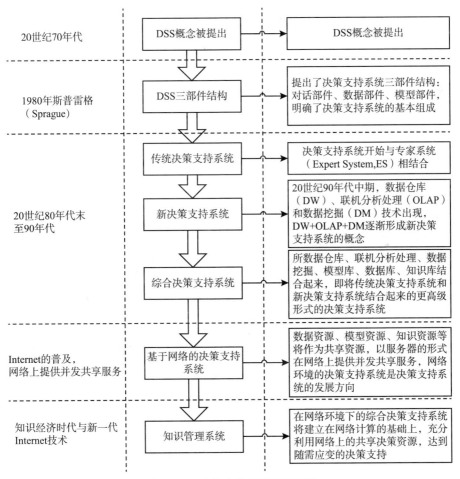

图 5 - 10　决策支持系统发展历程

资料来源：笔者根据 ERP 环境下基于大数据的智能订单决策支持系统研究整理所得。

当前的决策支持系统是四库结构，即模型库、数据库、方法库、知识库。

结构如图 5 – 11 所示。

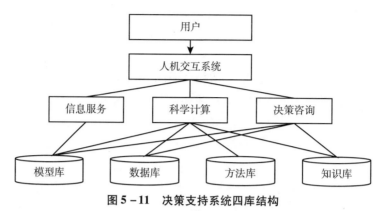

图 5 – 11　决策支持系统四库结构
资料来源：笔者根据 ERP 环境下基于大数据的智能订单决策支持系统研究整理所得。

（1）模型库。

模型库是 DSS 的核心部件，DSS 的中心思想是利用模型与模型的组合来辅助决策。模型库的模型主要是数学模型，另外还有数据处理、图像、报表、智能模型等。各种类型的模型提高了辅助决策能力，且能适应更广的决策问题。

（2）数据库。

数据和信息的支持是实现决策支持的基础，而数据挖掘也必须有挖掘对象也就是数据，所以决策支持系统中的数据库是不可或缺的，它为系统提供数据，并为数据挖掘提供数据来源。其数据的存放有利于查询，能为多种应用提供服务。数据的存储方式和位置相对独立于使用它们的程序。

（3）方法库。

方法库中包含的方法很多，一种是传统方法，即基本数学法、数理统计法等。另外一种是在专家经验和知识基础上创建的具有创造性的方法。方法库建立的目的是在决策支持系统进行问题求解时，给出求解算法。方法库是通过采取程序方式为决策过程中用到的算法进行维护。

（4）知识库。

知识库是基于标准、经验及前后关系等，对信息进行获得、解释、表达、推测及管理和维护的系统。知识库中的内容是那些用数据模型无法表示或描述的、不能确定方法的但实际应用中又需要用到的、有针对性的知识和经验。知识库中的知识获取存在一定困难，但几乎与决策支持系统同时发展的专家系统在这一方面有很大成就。

近些年，与新技术的融合是促成决策支持系统的不断向前发展的一个最主要因素，其研究热点目前主要有：

（1）与数据仓库技术相结合。

数据仓库是一个数据集合，这个数据集合具有这些的特点：面向主题的、集成的、永久的。在数据驱动型的决策支持系统中适合使用这种技术，可以将各个独立、分散、异构的基础数据源中存储的海量数据进行合理的组织存储，为数据分析打好基础，进而支持用户决策。

（2）与联机分析处理技术相结合。

数据仓库中存储了大量数据，如何利用这些数据，使其满足用户的需求，往往就需要用到联机分析处理技术，通过分析存储的海量数据对用户的决策提供支持。现在比较流行的是与网络技术的结合，形成 B/S（浏览器/服务器）结构，整体结构由三部分组成，分别是 OLAP 服务器、Web 服务器以及 Web 浏览器。

（3）与数据挖掘技术相结合。

数据挖掘，是一种通过数理模式来分析大型数据库或数据仓库中的海量数据，并对这些数据中未知的、蕴含的、有价值的信息进行提取的软件技术。数据挖掘技术的飞速发展主要归功于当今时代各种数据以爆炸的速度增长，而这些数据中往往蕴含着很多有价值的信息，尤其是在网络及电子商务领域中。

（4）与仿真技术相结合。

仿真技术是指在相关理论的基础上，通过计算机或专用设备，对实际存在的或设想出来的系统进行动态试验。而决策支持系统与仿真技术的结合则是指利用建立的模型模拟系统的运行过程，得到相关的特性及参数，进而支持用户的决策。

（5）与网络环境相结合。

随着网络的普及，网络环境也逐渐发展为决策支持系统的一个核心内容，借助网络这个平台，可以有效减少不同地理位置的人员之间的交流时间、交流成本，加速整个决策过程。网络环境的这种特性，使其在决策支持系统中占据了愈来愈重要的角色，为决策过程提供了很大的便利。[46]

109. 边缘数据中心是什么？

边缘数据中心，位于用户端和集中化的云数据中心之间，是在网络边缘侧部署的小微型数据中心。同云数据中心类似，边缘数据中心也是由机房空间、机电配套系统、IT 基础设施系统、软件平台、应用层等组成。边缘数据中心可以按照不同业务场景以及时延方面的需求进行灵活的部署，通常可位于地市集中节点、区县级节点、园区接入等位置层级，具有属地化（地市级及以下）部署特点，分布极为广泛。[47]

相对于云数据中心，二三线城市的几百个机架的数据中心可以称之为边缘，主要满足当地的业务需求。为了帮助缓解当前网络对内容分发网络（CDN）利用率的限制，很多内容公司越来越需要将流行的内容和 Web 应用程序数据缓存在离传统互联网中心较近的服务器上，二三线小城市对数据中心空间的需求不断增加。也可以理解为云数据中心的下沉和扩展，它们远离传统的云数据中心，更接近最终用户，被称之为边缘云数据中心。[48]

在同一个区域内，边缘数据中心作为云数据中心的有益补充。云数据中心提供的云服务覆盖范围很广，一个核心城市的云数据中心会覆盖到周边的若干个省份，但很难顾及某个城市的具体应用。由于 5G 的部署，需要有适量的边缘数据中心的支撑，它们通常部署在小区、高速路、飞机场和工厂等靠近最终用户的区域。

110. 公有链、联盟链与私有链是什么？

公有链是应用范围最为广泛的一类区块链，是分布式存储、共识机制、点对点通信、加密算法等计算机技术在互联网时代的创新应用模式，公有链数据由所有节点共同维护，每个参与维护节点都能复制获得一份完整记录的拷贝，可以实现在没有中央权威机构的弱信任环境下，分布式地建立一套信任机制，保障系统内数据公开透明、可溯源和难以被非法篡改[49]。

联盟链本质上仍然是一种私有链，只不过它比单个小组织开发的私有链更大，又没有公有链这么大的规模。可以理解为是介于私有链和公有链之间的一种区块链，是由许多的机构或组织共同经营的一个区块链，每个机构或组织管理一个或多个该联盟链里的节点，其共识过程受到预选节点控制。

私有链是指其写入权限由某个组织和机构控制的区块链。读取权限或者对外开放，或者被进行了不同程度的限制。相关的应用可以包括数据库管理、审计等。尽管在有些情况下希望它能有公共的可审计性，但在很多的情形下公共的可读性不是必需的。私有链可以看作是一个小范围系统内部的公有链，如果从系统外部来观察可能觉得这个系统还是中心化的，但是以系统内部每一个节点来看当中每个节点的权利都是去中心化。私有链的巨大优势就是其所有节点和网络环境都是完全可以控制的，因此能够确保私有链在处理速度方面远远优于公有链[50]。

111. 数字签名是什么？

数字签名（又称公钥数字签名）是只有信息的发送者才能产生的别人无法伪造的一段数字串，这段数字串同时也是对信息的发送者发送信息真实性的一个有效证明。它是一种类似写在纸上的普通的物理签名，但是使用了公钥加密领域的技术来实现的，用于鉴别数字信息的方法。一套数字签名通常定义两种互补的运算，一个用于签名，另一个用于验证。数字签名是非对称密钥加密技术与数字摘要技术的应用。

简单地说，所谓数字签名就是附加在数据单元上的一些数据，或是对数据单元所作的密码变换。这种数据或变换允许数据单元的接收者用以确认数据单元的来源和数据单元的完整性并保护数据，防止被人（例如接收者）进行伪造。它是对电子形式的消息进行签名的一种方法，一个签名消息能在一个通信网络中传输。基于公钥密码体制和私钥密码体制都可以获得数字签名，主要是基于公钥密码体制的数字签名。包括普通数字签名和特殊数字签名。普通数字签名算法有 RSA、ElGamal、Fiat – Shamir、Guillou – Quisquarter、Schnorr、Ong – Schnorr – Shamir 数字签名算法、Des/DSA，椭圆曲线数字签名算法和有限自动机数字签名算法等。特殊数字签名有盲签名、代理签名、群签名、不可否认签名、公平盲签名、门限签名、具有消息恢复功能的签名等，它与具体应用环境密切相关。显然，数字签名的应用涉及法律问题，美国联邦政府基于有限域上的离散对数问题制定了自己的数字签名标准（DSS）。[51]

112. "拜占庭将军" 问题是什么？

"拜占庭将军" 问题是容错计算机系统中经常讨论和应用的基本问题之一。"拜占庭将军" 问题的背景是古代拜占庭战争中，分处各地的将军们相互之间需要确认某种消息。在战争时期，只有所有的将军达成一致意见时，军队才会采取军事行动。由于这些将军中出现了若干内奸，对某个消息可能进行篡改使得最后将军们可能得不到一致的消息[52]。"拜占庭将军"问题就是要解决去中心化的共识机制问题，类似于区块链网络中的共识问题。其讨论的是允许存在少数节点作恶场景下的一致性达成问题[53]。

113. 超级账本是什么？

超级账本（hyperledger）是 Linux 基金会于 2015 年发起的推进区块链数字技术和交易验证的开源项目，目标是让成员共同合作，共建开放平台，满足来自多个不同行业各种用户案例，并简化业务流程[54]。在 Linux 基金会的支持下，超级账本项目吸引了包括 IBM、百度、腾讯、华为等在内的众多科技和金融巨头的参与。Hyperledger Fabric 是最早加入超级账本项目中的顶级项目，该项目是面向企业的分布式账本平台，引入了权限管理支持，设计上支持可插拔、可扩展，是首个面向联盟链场景的开源项目[55]。

超级账本的关键技术包括分布式账本、智能链码、共识机制、非对称加密。

（1）分布式账本。

超级账本中数据以分布式账本的形式存储，账本由一系列有顺序和防篡改的记录组成，以键值对的形式存放，账本中所有的键值对构成了账本的状态。每一个通道中唯一的账本由通道中所有成员共同维护。每个维护节点上都保存了其所属通道账本的一个副本。对账本的访问需要通过链码实现[56]。

（2）智能链码。

智能链码是运行在超级账本上的模块化、可重用的自动执行脚本，是超级账本中的智能合约，通过链码可以完成复杂的业务逻辑。链码被部署在 Fabric 网络节点上，并通过 gRPC 协议与相应的节点（peer）进行交互，以操作分布式账本中的数据。

（3）共识机制。

超级账本网络通过共识机制来实现节点之间需要保持的相同的账本状态，各个节点需要通过共识过程对账本状态的变化达成一致性的认同。共识过程包括 3 个阶段，即背书、排序和校验。

（4）非对称加密。

超级账本通过非对称加密技术实现身份验证与数据加密，解决系统中各节点之间的信任问题。非对称加密算法会产生 2 个密钥，即公开密钥和私有密钥，每个节点均有属于自己的公钥和私钥，公钥会在全网中广播给其他节点，私钥只有节点自己拥有[57]。

114. 增强现实与虚拟现实是什么？

增强现实（augmented reality，AR）是将现实环境世界和虚拟信息集成一体的新技术，通过电脑合成技术，将虚拟的信息加载到真实图像世界，通过人类感官接收信息，达到超越现实的感官体验。通过真实环境和虚拟信息实时地加载到了图像画面。通常情况下，增强现实技术是依托计算机系统模拟仿真实体信息后叠加若干个虚拟图像，进而将其呈现于现实环境或图像中。对于增强现实技术关键技术而言，主要可划分为显示技术、跟踪和定位技术、界面和可视化技术以及标定技术等部分。具体而言：

（1）显示技术。

增强现实技术的显示设备主要用以呈现影像，也就是呈现虚拟图像与真实世界相叠加的影像。人类接受外界信息的媒介以眼睛为主，所以，增强现实技术中的显示技术尤为关键，是增强现实技术全面系统中的一项关键技术。现阶段，应用于增强现实技术的显示设备包括有投影式显示设备、头盔式显示设备以及手持式显示设备等。

（2）跟踪和定位技术。

由于人在现实环境中不可能总是保持静止，由此要求增强现实技术要可实现对用户行动方位的有效跟踪及定位，并可采集用户的视域方向。跟踪和定位技术主要依托对用户视域的跟踪，以获取交互操作所对应动作的跟踪定位，及实时视域下目标物及用户视点的位置方向。

（3）界面和可视化技术。

为了实现用户与真实环境中虚拟图像的有效交互，因而要依托增强现实技术中的界面和可视化技术以促进用户与增强现实技术的有效交互，并在显示设备上实现对相关信息的有效呈现[58-59]。

（4）标定技术。

为了采集用户的视域及活动轨迹，增强现实技术需要应当充足的标定。现阶段增强现实技术中主要依托摄像设备实现标定，另外还有一些标定需要人工操作。

虚拟现实技术（virtual reality，VR）是指通过电脑建立一个虚拟空间环境，通过视觉、触觉等多种感知方式进行实时模拟交互。虚拟环境是指利用计算机图形系统和各种显示及控制等接口设备，在计算机上生成的、可交互的三维环境[58]。虚拟现实技术具有以下三个主要特征：

（1）浸入性。

是指利用计算机产生的三维立体图像，让用户感到被虚拟世界包围，就像在身处另一个世界或环境下，给人一种身临其境的感觉。在浸入时。要考虑用户的视觉浸入、触觉浸入、听觉浸入、嗅觉浸入和味觉浸入。

（2）交互性。

在虚拟环境中人们可以通过传感设备与虚拟世界的物品进行交互。比如当用户用手去触摸和抓取虚拟环境中的物体时，要能得到和现实生活中相同的感觉。

（3）构想性。

虚拟环境通过使用户沉浸其中从而获取新的知识，帮助用户学习或理解一些现有或未知的事务[60]。

115. 知识图谱是什么？

知识图谱（knowledge graph）是显示知识发展进程与结构关系的一系列各种不同的图形，用可视化技术描述知识资源及其载体，挖掘、分析、构建、绘制和显示知识及它们之间的相互联系。知识图谱是通过将应用数学、图形学、信息可视化技术、信息科学等学科的理论与方法与计量学引文分析、共现分析等方法结合，并利用可视化的图谱形象地展示学科的核心结构、发展历史、前沿领域以及整体知识架构达到多学科融合目的的现代理论。它把复杂的知识领域通过数据挖掘、信息处理、知识计量和图形绘制而显示出来，揭示知识领域的动态发展规律，为学科研究提供切实的、有价值的参考[61]。

知识图谱的概念于 2012 年 5 月被 Google 正式提出，其原始目的是为了提高搜索引擎的能力，提高搜索结果质量并提升用户的搜索体验。2013 年之后，随着智能信息服务和应用的不断发展，知识图谱已在学术界和工业界普及，并在智能搜索、智慧问答大数据风控、推荐系统等应用中发挥着重要的作用。知识图谱是语义网技术之一，是一种基于图的数据结构，由节点（实体）和标注的边（实体间的关系）组成，它本质上是一种揭示实体之间关系的语义网络，可以对现实世界的事物及其相互关系进行形式化的描述。与传统的 Web

页面网络相比，知识图谱中的节点由网页形式变成了不同类型的实体，而图中的边也由连接网页的超链接变成了实体间丰富的各种语义关系[61]。

知识图谱的分类包括：

（1）按照研究对象的规模分类。

按照研究对象的规模分类。知识图谱可以分为基于单样本的知识图谱和基于样本集的知识图谱，比如文本上的就可以分为基于单文本的知识图谱和基于文本集的知识图谱，视觉上可以分为基于单幅图片的知识图谱和基于图片集的知识图谱。

（2）按照研究内容的领域分类。

按照研究内容的领域分类。知识图谱可以分为一般化知识图谱和领域知识图谱。

（3）按照研究的内容分类。

按照研究的内容分类。知识图谱可以分为文本知识图谱、视觉知识图谱、多模态知识图谱。[62]

本章参考文献

［1］郑煜：《结构化数据异构同步技术的研究》，北京林业大学硕士论文，2013 年，第 17 页。

［2］马惠芳：《非结构化数据采集和检索技术的研究和应用》，东华大学硕士论文，2013 年，第 8 页。

［3］杨宝卫：《基于云服务的烟草、教育资源及远程在线安全检测物联网》，东网科技有限公司，2015 年，第 2~4 页。

［4］刘凯立、张巧英：《MySQL 数据库教程》，西安电子科技大学出版社 2019 年版，第 1~2 页。

［5］中国信息安全研究院安全研究所：《大数据安全白皮书》2018 年版，第 16 页。

［6］王日芬、章成志、张蓓蓓等：《数据清洗研究综述》，载于《现代图书情报技术》2007 年第 12 期，第 50~56 页。

［7］叶鸥、张璟、李军怀：《中文数据清洗研究综述》，载于《计算机工程与应用》2012 年第 14 期，第 121~129 页。

［8］曾悠：《大数据时代背景下的数据可视化概念研究》，浙江大学硕士论文，2014 年，第 82 页。

［9］赵国锋、葛丹凤：《数据虚拟化研究综述》，载于《重庆邮电大学学

报（自然科学版）》2016 年第 4 期，第 494 ~ 502 页。

　　[10] 罗红、慕德俊、邓智群、王晓东：《网格计算中任务调度研究综述》，载于《计算机应用研究》2005 年第 5 期，第 16 ~ 19 页。

　　[11] 甘云志：《工作站网络环境下的并行计算》，载于《数字通信世界》2019 年第 5 版，第 224、267 页。

　　[12] 汪洋、李鹏、季一木、樊卫北、张玉杰、王汝传、陈国良：《高性能计算与天文大数据研究综述》，载于《计算机科学》2020 年第 1 期，第 1 ~ 6 页。

　　[13] 孙凝晖、李凯、陈明宇：《HPP：一种支持高性能和效用计算的体系结构》，载于《计算机学报》2008 年第 9 期，第 1503 ~ 1508 页。

　　[14] 杨蓉：《全球 IPv4 地址耗尽中国 IPv6 新体系正在形成》，载于《计算机与网络》2019 年第 23 期，第 12 页。

　　[15] 贺劲松、彭智朝、贺文华、江雪君：《IPv4、IPv6 和 IPv9 比较研究》，载于《软件工程》2016 年第 19 卷第 5 期，第 18 页。

　　[16] 翔宇编程：《云计算之概念——IasS，SasS，PasS，DaaS》，2018 年 3 月 14 日，https：//www. cnblogs. com/Fly – sky/p/8566957. html。

　　[17] 阮一峰：《SASS 用法指南》，2012 年 6 月 19 日，http：//www. ruanyifeng. com/blog/2012/06/sass. html。

　　[18] 吴佑寿、赵明生：《激活函数可调的神经元模型及其有监督学习与应用》，载于《中国科学 E 辑：技术科学》2001 年第 3 期，第 263 ~ 272 页。

　　[19] 岳永鹏：《深度无监督学习算法研究》，西南石油大学硕士论文，2015 年，第 17 ~ 18 页。

　　[20] 殷瑞刚、魏帅、李晗、于洪：《深度学习中的无监督学习方法综述》，载于《计算机系统应用》2016 年第 8 期，第 1 ~ 7 页。

　　[21] 孔怡青：《半监督学习及其应用研究》，江南大学博士论文，2009 年，第 24 页。

　　[22] 刘建伟、刘媛、罗雄麟：《半监督学习方法》，载于《计算机学报》2015 年第 8 期，第 1592 ~ 1617 页。

　　[23] 张汝波、顾国昌、刘照德等：《强化学习理论，算法及应用》，载于《控制理论与应用》2000 年第 5 期，第 637 ~ 642 页。

　　[24] 中华人民共和国中央人民政府：《我国发布〈治理原则〉发展负责任的人工智能》，载于《人民日报》2019 年 6 月 18 日。

　　[25] 陈海虹、黄彪、刘峰、陈文国：《机器学习原理及应用》，电子科技

大学出版社 2017 年版，第 2 ~ 3 页。

　　[26] 张荣、李伟平、莫同：《深度学习研究综述》，载于《信息与控制》2018 年第 4 期，第 385 ~ 397、410 页。

　　[27] 何明：《大学计算机基础》，东南大学出版社 2015 年版，第 240 页。

　　[28] Jiawei Han：《数据挖掘概念与技术》，机械工业出版社 2012 年版，第 20 页。

　　[29] 陈海虹、黄彪、刘峰、陈文国：《机器学习原理及应用》，电子科技大学出版社 2017 年版，第 3 ~ 19 页。

　　[30] 王珏、石纯一：《机器学习研究》，载于《广西师范大学学报（自然科学版）》2003 年第 2 期，第 1 ~ 15 页。

　　[31] 马姝：《基于数据挖掘的消费者购买预测的研究》，云南财经大学硕士论文，2016 年，第 13 ~ 17 页。

　　[32] 周飞燕、金林鹏、董军：《卷积神经网络研究综述》，载于《计算机学报》2017 年第 40 期，第 1229 ~ 1251 页。

　　[33] 张天露、杨杰、何文玉、贾利民：《基于生成对抗网络的人脸超分辨率技术》，载于《传感器与微系统》2020 年第 2 期，第 40 ~ 43 页。

　　[34] 安祺、姜丽芬、孙华志、梁妍、马春梅：《基于生成对抗网络去除车辆图像运动模糊模型》，载于《天津师范大学学报（自然科学版）》2020 年第 1 期，第 76 ~ 80 页。

　　[35] 韩泽春，陈勇跃：《数据仓库与数据集市》，载于《忻州师范学院学报》2005 年第 2 期，第 31 ~ 36、46 页。

　　[36] 王飞：《商业智能深入浅出：Cognos，Informatica 技术与应用》，机械工业出版社 2012 年版，第 18 页。

　　[37] 姚洪：《基于数据中台的数据治理系统的设计与实现》，载于《科学技术创新》2020 年第 35 期，第 74 ~ 75 页。

　　[38] 李广乾：《什么是数据中台?》，载于《中国信息界》2019 年第 6 期，第 72 ~ 75 页。

　　[39] 钱志骥：《浅谈数据中台体系建设之道》，载于《信息技术与信息化》2020 年第 10 期，第 93 ~ 95 页。

　　[40] 李巍巍：《数据中台技术在业务系统中的应用研究》，载于《现代信息科技》2019 年第 21 期，第 108 ~ 110 页。

　　[41] 范春雷、任行敏、李国富、安昆：《基于数字主线和数字孪生技术的生产过程安全预防系统生命周期应用》，载于《河南科技》2018 年第 26 期，

第 40 ~ 42 页。

[42] 卢明阳：《基于 OLAP 的销售决策支持系统的设计与实现》，北京工业大学硕士论文，2013 年，第 9 ~ 10 页。

[43] 周渝霞、刘道践、郝玉清：《基于 Oracle 的 OLTP 与 OLAP 数据库设计及实现》，载于《电脑编程技巧与维护》2012 年第 10 期，第 29 ~ 31、47 页。

[44] 卢明阳：《基于 OLAP 的销售决策支持系统的设计与实现》，北京工业大学硕士论文，2013 年，第 9 ~ 12 页。

[45] 罗岚、姚琪、殷伟：《供应链管理》，华中科技大学出版社 2016 年版，第 267 ~ 274 页。

[46] 曹建华：《ERP 环境下基于大数据的智能订单决策支持系统研究》，武汉科技大学硕士论文，2015 年，第 4 ~ 5、9 ~ 11 页。

[47] 刘洪、孙丽玫、闫渊：《5G 时代边缘数据中心科学发展的思考与建议》，载于《中国工程咨询》2020 年第 10 期，第 49 ~ 53 页。

[48] 郭亮：《边缘数据中心关键技术和发展趋势》，载于《信息通信技术与政策》2019 年第 12 期，第 55 ~ 58 页。

[49] 韦安垒：《公有链技术及其应用价值》，载于《中国计算机报》2018 年 8 月 20 日。

[50] 李靖宁：《区块链解析及应用》，载于《青岛远洋船员职业学院学报》2018 年第 4 期，第 41 ~ 44 页。

[51] 刘建华、孙韩林：《物联网安全》，中国铁道出版社 2013 年版，第 69 ~ 71 页。

[52] 姜晶菲、胡荣东、王苏锋：《由拜占庭问题引发的教学实践》，载于《实验科学与技术》2012 年第 6 期，第 234 ~ 235、326 页。

[53] 张迪：《区块链的拜占庭容错共识机制改进及其排队模型研究》，燕山大学硕士论文，2019 年，第 10 ~ 11 页。

[54] 邓文萍：《基于 Hyperledger 区块链的数字资产管理系统》，载于《科学技术创新》2019 年第 31 期，第 88 ~ 89 页。

[55] 栾尊先、郗长武：《超级账本技术在电网资产管理中的应用分析》，载于《电气技术》2020 年第 11 期，第 101 ~ 105 页。

[56] 邹均：《区块链核心技术与应用》，机械工业出版社 2018 年版，第 796 ~ 800 页。

[57] 张俊、王飞跃：《基于区块链的电网大数据数字资产管理架构》，载

于《电力信息与通信技术》2018 年第 8 期，第 1~7 页。

［58］李君强：《虚拟现实技术（VR）和增强现实技术（AR）在工程机械领域的发展与研究》，载于《中国市场》2020 年第 15 期，第 171~173 页。

［59］黄任勇：《AR 增强现实技术及其在教育中的应用研究》，载于《动漫研究》第六辑，第 188~190 页。

［60］刘颜东：《虚拟现实技术的现状与发展》，载于《中国设备工程》2020 年第 14 期，第 162~164 页。

［61］侯梦薇、卫荣、陆亮、兰欣、蔡宏伟：《知识图谱研究综述及其在医疗领域的应用》，载于《计算机研究与发展》2018 年第 12 期，第 2587~2599 页。

［62］朱木易洁、鲍秉坤、徐常胜：《知识图谱发展与构建的研究进展》，载于《南京信息工程大学学报（自然科学版）》2017 年第 6 期，第 575~582 页。

代表性政策文件

促进大数据发展行动纲要

大数据是以容量大、类型多、存取速度快、应用价值高为主要特征的数据集合，正快速发展为对数量巨大、来源分散、格式多样的数据进行采集、存储和关联分析，从中发现新知识、创造新价值、提升新能力的新一代信息技术和服务业态。

信息技术与经济社会的交汇融合引发了数据迅猛增长，数据已成为国家基础性战略资源，大数据正日益对全球生产、流通、分配、消费活动以及经济运行机制、社会生活方式和国家治理能力产生重要影响。目前，我国在大数据发展和应用方面已具备一定基础，拥有市场优势和发展潜力，但也存在政府数据开放共享不足、产业基础薄弱、缺乏顶层设计和统筹规划、法律法规建设滞后、创新应用领域不广等问题，亟待解决。为贯彻落实党中央、国务院决策部署，全面推进我国大数据发展和应用，加快建设数据强国，特制定本行动纲要。

一、发展形势和重要意义

全球范围内，运用大数据推动经济发展、完善社会治理、提升政府服务和监管能力正成为趋势，有关发达国家相继制定实施大数据战略性文件，大力推动大数据发展和应用。目前，我国互联网、移动互联网用户规模居全球第一，拥有丰富的数据资源和应用市场优势，大数据部分关键技术研发取得突破，涌现出一批互联网创新企业和创新应用，一些地方政府已启动大数据相关工作。坚持创新驱动发展，加快大数据部署，深化大数据应用，已成为稳增长、促改革、调结构、惠民生和推动政府治理能力现代化的内在需要和必然选择。

（一）大数据成为推动经济转型发展的新动力。以数据流引领技术流、物质流、资金流、人才流，将深刻影响社会分工协作的组织模式，促进生产组织方式的集约和创新。大数据推动社会生产要素的网络化共享、集约化整合、协作化开发和高效化利用，改变了传统的生产方式和经济运行机制，可显著提升经济运行水平和效率。大数据持续激发商业模式创新，不断催生新业态，已成为互联网等新兴领域促进业务创新增值、提升企业核心价值的重要驱动力。大数据产业正在成为新的经济增长点，将对未来信息产业格局产生重要影响。

（二）大数据成为重塑国家竞争优势的新机遇。在全球信息化快速发展的大背景下，大数据已成为国家重要的基础性战略资源，正引领新一轮科技创新。充分利用我国的数据规模优势，实现数据规模、质量和应用水平同步提升，发掘和释放数据资源的潜在价值，有利于更好发挥数据资源的战略作用，增强网络空间数据主权保护能力，维护国家安全，有效提升国家竞争力。

（三）大数据成为提升政府治理能力的新途径。大数据应用能够揭示传统技术方式难以展现的关联关系，推动政府数据开放共享，促进社会事业数据融合和资源整合，将极大提升政府整体数据分析能力，为有效处理复杂社会问题提供新的手段。建立"用数据说话、用数据决策、用数据管理、用数据创新"的管理机制，实现基于数据的科学决策，将推动政府管理理念和社会治理模式进步，加快建设与社会主义市场经济体制和中国特色社会主义事业发展相适应的法治政府、创新政府、廉洁政府和服务型政府，逐步实现政府治理能力现代化。

二、指导思想和总体目标

（一）指导思想。深入贯彻党的十八大和十八届二中、三中、四中全会精神，按照党中央、国务院决策部署，发挥市场在资源配置中的决定性作用，加强顶层设计和统筹协调，大力推动政府信息系统和公共数据互联开放共享，加快政府信息平台整合，消除信息孤岛，推进数据资源向社会开放，增强政府公信力，引导社会发展，服务公众企业；以企业为主体，营造宽松公平环境，加大大数据关键技术研发、产业发展和人才培养力度，着力推进数据汇集和发掘，深化大数据在各行业创新应用，促进大数据产业健康发展；完善法规制度和标准体系，科学规范利用大数据，切实保障数据安全。通过促进大数据发展，加快建设数据强国，释放技术红利、制度红利和创新红利，提升政府治理能力，推动经济转型升级。

（二）总体目标。立足我国国情和现实需要，推动大数据发展和应用在未来 5～10 年逐步实现以下目标：

打造精准治理、多方协作的社会治理新模式。将大数据作为提升政府治理能力的重要手段，通过高效采集、有效整合、深化应用政府数据和社会数据，提升政府决策和风险防范水平，提高社会治理的精准性和有效性，增强乡村社会治理能力；助力简政放权，支持从事前审批向事中事后监管转变，推动商事制度改革；促进政府监管和社会监督有机结合，有效调动社会力量参与社会治理的积极性。2017 年底前形成跨部门数据资源共享共用格局。

建立运行平稳、安全高效的经济运行新机制。充分运用大数据，不断提升信用、财政、金融、税收、农业、统计、进出口、资源环境、产品质量、企业登记监管等领域数据资源的获取和利用能力，丰富经济统计数据来源，实现对经济运行更为准确的监测、分析、预测、预警，提高决策的针对性、科学性和时效性，提升宏观调控以及产业发展、信用体系、市场监管等方面管理效能，保障供需平衡，促进经济平稳运行。

构建以人为本、惠及全民的民生服务新体系。围绕服务型政府建设，在公用事业、市政管理、城乡环境、农村生活、健康医疗、减灾救灾、社会救助、养老服务、劳动就业、社会保障、文化教育、交通旅游、质量安全、消费维权、社区服务等领域全面推广大数据应用，利用大数据洞察民生需求，优化资源配置，丰富服务内容，拓展服务渠道，扩大服务范围，提高服务质量，提升城市辐射能力，推动公共服务向基层延伸，缩小城乡、区域差距，促进形成公平普惠、便捷高效的民生服务体系，不断满足人民群众日益增长的个性化、多样化需求。

开启大众创业、万众创新的创新驱动新格局。形成公共数据资源合理适度开放共享的法规制度和政策体系，2018 年底前建成国家政府数据统一开放平台，率先在信用、交通、医疗、卫生、就业、社保、地理、文化、教育、科技、资源、农业、环境、安监、金融、质量、统计、气象、海洋、企业登记监管等重要领域实现公共数据资源合理适度向社会开放，带动社会公众开展大数据增值性、公益性开发和创新应用，充分释放数据红利，激发大众创业、万众创新活力。

培育高端智能、新兴繁荣的产业发展新生态。推动大数据与云计算、物联网、移动互联网等新一代信息技术融合发展，探索大数据与传统产业协同发展的新业态、新模式，促进传统产业转型升级和新兴产业发展，培育新的经济增长点。形成一批满足大数据重大应用需求的产品、系统和解决方案，建立安全可信的大数据技术体系，大数据产品和服务达到国际先进水平，国内市场占有率显著提高。培育一批面向全球的骨干企业和特色鲜明的创新型中小企业。构建形成政产学研用多方联动、协调发展的大数据产业生态体系。

三、主要任务

（一）加快政府数据开放共享，推动资源整合，提升治理能力

1. 大力推动政府部门数据共享。加强顶层设计和统筹规划，明确各部门数据共享的范围边界和使用方式，厘清各部门数据管理及共享的义务和权利，依托政府数据统一共享交换平台，大力推进国家人口基础信息库、法人单位信息资源库、自然资源和空间地理基础信息库等国家基础数据资源，以及金税、金关、金财、金审、金盾、金宏、金保、金土、金农、金水、金质等信息系统跨部门、跨区域共享。加快各地区、各部门、各有关企事业单位及社会组织信用信息系统的互联互通和信息共享，丰富面向公众的信用信息服务，提高政府服务和监管水平。结合信息惠民工程实施和智慧城市建设，推动中央部门与地方政府条块结合、联合试点，实现公共服务的多方数据共享、制度对接和协同配合。

2. 稳步推动公共数据资源开放。在依法加强安全保障和隐私保护的前提下，稳步推动公共数据资源开放。推动建立政府部门和事业单位等公共机构数据资源清单，按照"增量先行"的方式，加强对政府部门数据的国家统筹管理，加快建设国家政府数据统一开放平台。制定公共机构数据开放计划，落实数据开放和维护责任，推进公共机构数据资源统一汇聚和集中向社会开放，提升政府数据开放共享标准化程度，优先推动信用、交通、医疗、卫生、就业、社保、地理、文化、教育、科技、资源、农业、环境、安监、金融、质量、统计、气象、海洋、企业登记监管等民生保障服务相关领域的政府数据集向社会开放。建立政府和社会互动的大数据采集形成机制，制定政府数据共享开放目录。通过政务数据公开共享，引导企业、行业协会、科研机构、社会组织等主动采集并开放数据。

☞ **专栏1　政府数据资源共享开放工程**

推动政府数据资源共享。制定政府数据资源共享管理办法，整合政府部门公共数据资源，促进互联互通，提高共享能力，提升政府数据的一致性和准确

性。2017 年底前，明确各部门数据共享的范围边界和使用方式，跨部门数据资源共享共用格局基本形成。

形成政府数据统一共享交换平台。充分利用统一的国家电子政务网络，构建跨部门的政府数据统一共享交换平台，到 2018 年，中央政府层面实现数据统一共享交换平台的全覆盖，实现金税、金关、金财、金审、金盾、金宏、金保、金土、金农、金水、金质等信息系统通过统一平台进行数据共享和交换。

形成国家政府数据统一开放平台。建立政府部门和事业单位等公共机构数据资源清单，制定实施政府数据开放共享标准，制定数据开放计划。2018 年底前，建成国家政府数据统一开放平台。2020 年底前，逐步实现信用、交通、医疗、卫生、就业、社保、地理、文化、教育、科技、资源、农业、环境、安监、金融、质量、统计、气象、海洋、企业登记监管等民生保障服务相关领域的政府数据集向社会开放。

3. 统筹规划大数据基础设施建设。结合国家政务信息化工程建设规划，统筹政务数据资源和社会数据资源，布局国家大数据平台、数据中心等基础设施。加快完善国家人口基础信息库、法人单位信息资源库、自然资源和空间地理基础信息库等基础信息资源和健康、就业、社保、能源、信用、统计、质量、国土、农业、城乡建设、企业登记监管等重要领域信息资源，加强与社会大数据的汇聚整合和关联分析。推动国民经济动员大数据应用。加强军民信息资源共享。充分利用现有企业、政府等数据资源和平台设施，注重对现有数据中心及服务器资源的改造和利用，建设绿色环保、低成本、高效率、基于云计算的大数据基础设施和区域性、行业性数据汇聚平台，避免盲目建设和重复投资。加强对互联网重要数据资源的备份及保护。

☞ **专栏 2　国家大数据资源统筹发展工程**

整合各类政府信息平台和信息系统。严格控制新建平台，依托现有平台资源，在地市级以上（含地市级）政府集中构建统一的互联网政务数据服务平台和信息惠民服务平台，在基层街道、社区统一应用，并逐步向农村特别是农村社区延伸。除国务院另有规定外，原则上不再审批有关部门、地市级以下（不含地市级）政府新建孤立的信息平台和信息系统。到 2018 年，中央层面构建形成统一的互联网政务数据服务平台；国家信息惠民试点城市实现基础信息集中采集、多方利用，实现公共服务和社会信息服务的全人群覆盖、全天候受理和"一站式"办理。

整合分散的数据中心资源。充分利用现有政府和社会数据中心资源，运用云计算技术，整合规模小、效率低、能耗高的分散数据中心，构建形成布局合理、规模适度、保障有力、绿色集约的政务数据中心体系。统筹发挥各部门已建数据中心的作用，严格控制部门新建数据中心。开展区域试点，推进贵州等大数据综合试验区建设，促进区域性大数据基础设施的整合和数据资源的汇聚应用。

加快完善国家基础信息资源体系。加快建设完善国家人口基础信息库、法人单位信息资源库、自然资源和空间地理基础信息库等基础信息资源。依托现有相关信息系统，逐步完善健康、社保、就业、能源、信用、统计、质量、国土、农业、城乡建设、企业登记监管等重要领域信息资源。到 2018 年，跨部门共享校核的国家人口基础信息库、法人单位信息资源库、自然资源和空间地理基础信息库等国家基础信息资源体系基本建成，实现与各领域信息资源的汇聚整合和关联应用。

加强互联网信息采集利用。加强顶层设计，树立国际视野，充分利用已有资源，加强互联网信息采集、保存和分析能力建设，制定完善互联网信息保存相关法律法规，构建互联网信息保存和信息服务体系。

4. 支持宏观调控科学化。建立国家宏观调控数据体系，及时发布有关统计指标和数据，强化互联网数据资源利用和信息服务，加强与政务数据资源的关联分析和融合利用，为政府开展金融、税收、审计、统计、农业、规划、消费、投资、进出口、城乡建设、劳动就业、收入分配、电力及产业运行、质量安全、节能减排等领域运行动态监测、产业安全预测预警以及转变发展方式分析决策提供信息支持，提高宏观调控的科学性、预见性和有效性。

5. 推动政府治理精准化。在企业监管、质量安全、节能降耗、环境保护、食品安全、安全生产、信用体系建设、旅游服务等领域，推动有关政府部门和企事业单位将市场监管、检验检测、违法失信、企业生产经营、销售物流、投诉举报、消费维权等数据进行汇聚整合和关联分析，统一公示企业信用信息，预警企业不正当行为，提升政府决策和风险防范能力，支持加强事中事后监管和服务，提高监管和服务的针对性、有效性。推动改进政府管理和公共治理方式，借助大数据实现政府负面清单、权力清单和责任清单的透明化管理，完善大数据监督和技术反腐体系，促进政府简政放权、依法行政。

6. 推进商事服务便捷化。加快建立公民、法人和其他组织统一社会信用代码制度，依托全国统一的信用信息共享交换平台，建设企业信用信息公示系统和"信用中国"网站，共享整合各地区、各领域信用信息，为社会公众提供查询注册登记、行政许可、行政处罚等各类信用信息的一站式服务。在全面实行工商营业执照、组织机构代码证和税务登记证"三证合一""一照一码"登记制度改革中，积极运用大数据手段，简化办理程序。建立项目并联审批平台，形成网上审批大数据资源库，实现跨部门、跨层级项目审批、核准、备案的统一受理、同步审查、信息共享、透明公开。鼓励政府部门高效采集、有效整合并充分运用政府数据和社会数据，掌握企业需求，推动行政管理流程优化再造，在注册登记、市场准入等商事服务中提供更加便捷有效、更有针对性的服务。利用大数据等手段，密切跟踪中小微企业特别是新设小微企业运行情况，为完善相关政策提供支持。

7. 促进安全保障高效化。加强有关执法部门间的数据流通，在法律许可和确保安全的前提下，加强对社会治理相关领域数据的归集、发掘及关联分析，强化对妥善应对和处理重大突发公共事件的数据支持，提高公共安全保障能力，推动构建智能防控、综合治理的公共安全体系，维护国家安全和社会安定。

☞ **专栏3 政府治理大数据工程**

推动宏观调控决策支持、风险预警和执行监督大数据应用。统筹利用政府和社会数据资源，探索建立国家宏观调控决策支持、风险预警和执行监督大数据应用体系。到2018年，开展政府和社会合作开发利用大数据试点，完善金融、税收、审计、统计、农业、规划、消费、投资、进出口、城乡建设、劳动就业、收入分配、电力及产业运行、质量安全、节能减排等领域国民经济相关数据的采集和利用机制，推进各级政府按照统一体系开展数据采集和综合利用，加强对宏观调控决策的支撑。

推动信用信息共享机制和信用信息系统建设。加快建立统一社会信用代码制度，建立信用信息共享交换机制。充分利用社会各方面信息资源，推动公共信用数据与互联网、移动互联网、电子商务等数据的汇聚整合，鼓励互联网企业运用大数据技术建立市场化的第三方信用信息共享平台，使政府主导征信体系的权威性和互联网大数据征信平台的规模效应得到充分发挥，依托全国统一的信用信息共享交换平台，建设企业信用信息公示系统，实现覆盖各级政府、各类别信用主体的基础信用信息共享，初步建成社会信用体系，为经济高效运行提供全面准确的基础信用信息服务。

建设社会治理大数据应用体系。到2018年，围绕实施区域协调发展、新型城镇化等重大战略和主体功能区规划，在企业监管、质量安全、质量诚信、节能降耗、环境保护、食品安全、安全生产、信用体系建设、旅游服务等领域探索开展一批应用试点，打通政府部门、企事业单位之间的数据壁垒，实现合作开发和综合利用。实时采集并汇总分析政府部门和企事业单位的市场监管、检验检测、违法失信、企业生产经营、销售物流、投诉举报、消费维权等数据，有效促进各级政府社会治理能力提升。

8. 加快民生服务普惠化。结合新型城镇化发展、信息惠民工程实施和智慧城市建设，以优化提升民生服务、激发社会活力、促进大数据应用市场化服务为重点，引导鼓励企业和社会机构开展创新应用研究，深入发掘公共服务数据，在城乡建设、人居环境、健康医疗、社会救助、养老服务、劳动就业、社会保障、质量安全、文化教育、交通旅游、消费维权、城乡服务等领域开展大数据应用示范，推动传统公共服务数据与互联网、移动互联网、可穿戴设备等数据的汇聚整合，开发各类便民应用，优化公共资源配置，提升公共服务水平。

☞ **专栏4 公共服务大数据工程**

医疗健康服务大数据。构建电子健康档案、电子病历数据库，建设覆盖公共卫生、医疗服务、医疗保障、药品供应、计划生育和综合管理业务的医疗健康管理和服务大数据应用体系。探索预约挂号、分级诊疗、远程医疗、检查检验结果共享、防治结合、医养结合、健康咨询等服务，优化形成规范、共享、互信的诊疗流程。鼓励和规范有关企事业单位开展医疗健康大数据创新应用研究，构建综合健康服务应用。

社会保障服务大数据。建设由城市延伸到农村的统一社会救助、社会福利、社会保障大数据平台，加强与相关部门的数据对接和信息共享，支撑大数据在劳动用工和社保基金监管、医疗保险对医疗服务行为监控、劳动保障监察、内控稽核以及人力资源社会保障相关政策制定和执行效果跟踪评价等方面的应用。利用大数据创新服务模式，为社会公众提供更为个性化、更具针对性的服务。

教育文化大数据。完善教育管理公共服务平台，推动教育基础数据的伴随式收集和全国互通共享。建立各阶段适龄入学人口基础数据库、学生基础数据库和终身电子学籍档案，实现学生学籍档案在不同教育阶段的纵向贯通。推动形成覆盖全国、协同服务、全网互通的教育资源云服务体系。探索发挥大数据对变革教育方式、促进教育公平、提升教育质量的支撑作用。加强数字图书馆、档案馆、博物馆、美术馆和文化馆等公益设施建设，构建文化传播大数据综合服务平台，传播中国文化，为社会提供文化服务。

交通旅游服务大数据。探索开展交通、公安、气象、安监、地震、测绘等跨部门、跨地域数据融合和协同创新。建立综合交通服务大数据平台，共同利用大数据提升协同管理和公共服务能力，积极吸引社会优质资源，利用交通大数据开展出行信息服务、交通诱导等增值服务。建立旅游投诉及评价全媒体交互中心，实现对旅游城市、重点景区游客流量的监控、预警和及时分流疏导，为规范市场秩序、方便游客出行、提升旅游服务水平、促进旅游消费和旅游产业转型升级提供有力支撑。

（二）推动产业创新发展，培育新兴业态，助力经济转型

1. 发展工业大数据。推动大数据在工业研发设计、生产制造、经营管理、市场营销、售后服务等产品全生命周期、产业链全流程各环节的应用，分析感知用户需求，提升产品附加价值，打造智能工厂。建立面向不同行业、不同环节的工业大数据资源聚合和分析应用平台。抓住互联网跨界融合机遇，促进大数据、物联网、云计算和三维（3D）打印技术、个性化定制等在制造业全产业链集成运用，推动制造模式变革和工业转型升级。

2. 发展新兴产业大数据。大力培育互联网金融、数据服务、数据探矿、数据化学、数据材料、数据制药等新业态，提升相关产业大数据资源的采集获取和分析利用能力，充分发掘数据资源支撑创新的潜力，带动技术研发体系创新、管理方式变革、商业模式创新和产业价值链体系重构，推动跨领域、跨行业的数据融合和协同创新，促进战略性新兴产业发展、服务业创新发展和信息消费扩大，探索形成协同发展的新业态、新模式，培育新的经济增长点。

☞ **专栏5 工业和新兴产业大数据工程**

工业大数据应用。利用大数据推动信息化和工业化深度融合，研究推动大数据在研发设计、生产制造、经营管理、市场营销、售后服务等产业链各环节的应用，研发面向不同行业、不同环节的大数据分析应用平台，选择典型企业、重点行业、重点地区开展工业企业大数据应用项目试点，积极推动制造业网络化和智能化。

服务业大数据应用。利用大数据支持品牌建立、产品定位、精准营销、认证认可、质量诚信提升和定制服务等，研发面向服务业的大数据解决方案，扩

大服务范围，增强服务能力，提升服务质量，鼓励创新商业模式、服务内容和服务形式。

培育数据应用新业态。积极推动不同行业大数据的聚合、大数据与其他行业的融合，大力培育互联网金融、数据服务、数据处理分析、数据影视、数据探矿、数据化学、数据材料、数据制药等新业态。

电子商务大数据应用。推动大数据在电子商务中的应用，充分利用电子商务中形成的大数据资源为政府实施市场监管和调控服务，电子商务企业应依法向政府部门报送数据。

3. 发展农业农村大数据。构建面向农业农村的综合信息服务体系，为农民生产生活提供综合、高效、便捷的信息服务，缩小城乡数字鸿沟，促进城乡发展一体化。加强农业农村经济大数据建设，完善村、县相关数据采集、传输、共享基础设施，建立农业农村数据采集、运算、应用、服务体系，强化农村生态环境治理，增强乡村社会治理能力。统筹国内国际农业数据资源，强化农业资源要素数据的集聚利用，提升预测预警能力。整合构建国家涉农大数据中心，推进各地区、各行业、各领域涉农数据资源的共享开放，加强数据资源发掘运用。加快农业大数据关键技术研发，加大示范力度，提升生产智能化、经营网络化、管理高效化、服务便捷化能力和水平。

☞ **专栏6 现代农业大数据工程**

农业农村信息综合服务。充分利用现有数据资源，完善相关数据采集共享功能，完善信息进村入户村级站的数据采集和信息发布功能，建设农产品全球生产、消费、库存、进出口、价格、成本等数据调查分析系统工程，构建面向农业农村的综合信息服务平台，涵盖农业生产、经营、管理、服务和农村环境整治等环节，集合公益服务、便民服务、电子商务和网络服务，为农业农村农民生产生活提供综合、高效、便捷的信息服务，加强全球农业调查分析，引导国内农产品生产和消费，完善农产品价格形成机制，缩小城乡数字鸿沟，促进城乡发展一体化。

农业资源要素数据共享。利用物联网、云计算、卫星遥感等技术，建立我国农业耕地、草原、林地、水利设施、水资源、农业设施设备、新型经营主体、农业劳动力、金融资本等资源要素数据监测体系，促进农业环境、气象、生态等信息共享，构建农业资源要素数据共享平台，为各级政府、企业、农户提供农业资源数据查询服务，鼓励各类市场主体充分发掘平台数据，开发测土配方施肥、统防统治、农业保险等服务。

农产品质量安全信息服务。建立农产品生产的生态环境、生产资料、生产过程、市场流通、加工储藏、检验检测等数据共享机制，推进数据实现自动化采集、网络化传输、标准化处理和可视化运用，提高数据的真实性、准确性、及时性和关联性，与农产品电子商务等交易平台互联共享，实现各环节信息可查询、来源可追溯、去向可跟踪、责任可追究，推进实现种子、农药、化肥等重要生产资料信息可追溯，为生产者、消费者、监管者提供农产品质量安全信息服务，促进农产品消费安全。

4. 发展万众创新大数据。适应国家创新驱动发展战略，实施大数据创新行动计划，鼓励企业和公众发掘利用开放数据资源，激发创新创业活力，促进创新链和产业链深度融合，推动大数据发展与科研创新有机结合，形成大数据驱动型的科研创新模式，打通科技创新和经济社会发展之间的通道，推动万众创新、开放创新和联动创新。

☞ **专栏7 万众创新大数据工程**

大数据创新应用。通过应用创新开发竞赛、服务外包、社会众包、助推计划、补助奖励、应用培训等方式，鼓励企业和公众发掘利用开放数据资源，激发创新创业活力。

大数据创新服务。面向经济社会发展需求，研发一批大数据公共服务产品，实现不同行业、领域大数据的融合，扩大服务范围、提高服务能力。

发展科学大数据。积极推动由国家公共财政支持的公益性科研活动获取和产生的科学数据逐步开放共享，构建科学大数据国家重大基础设施，实现对国家重要科技数据的权威汇集、长期保存、集成管理和全面共享。面向经济社会发展需求，发展科学大数据应用服务中心，支持解决经济社会发展和国家安全重大问题。

知识服务大数据应用。利用大数据、云计算等技术，对各领域知识进行大规模整合，搭建层次清晰、覆盖全面、内容准确的知识资源库群，建立国家知识服务平台与知识资源服务中心，形成以国家平台为枢纽、行业平台为支撑，覆盖国民经济主要领域，分布合理、互联互通的国家知识服务体系，为生产生活提供精准、高水平的知识服务。提高我国知识资源的生产与供给能力。

5. 推进基础研究和核心技术攻关。围绕数据科学理论体系、大数据计算系统与分析理论、大数据驱动的颠覆性应用模型探索等重大基础研究进行前瞻布局，开展数据科学研究，引导和鼓励在大数据理论、方法及关键应用技术等方面展开探索。采取政产学研用相结合的协同创新模式和基于开源社区的开放创新模式，加强海量数据存储、数据清洗、数据分析发掘、数据可视化、信息安全与隐私保护等领域关键技术攻关，形成安全可靠的大数据技术体系。支持自然语言理解、机器学习、深度学习等人工智能技术创新，提升数据分析处理能力、知识发现能力和辅助决策能力。

6. 形成大数据产品体系。围绕数据采集、整理、分析、发掘、展现、应用等环节，支持大型通用海量数据存储与管理软件、大数据分析发掘软件、数据可视化软件等软件产品和海量数据存储设备、大数据一体机等硬件产品发展，带动芯片、操作系统等信息技术核心基础产品发展，打造较为健全的大数据产品体系。大力发展与重点行业领域业务流程及数据应用需求深度融合的大数据解决方案。

☞ **专栏 8　大数据关键技术及产品研发与产业化工程**

通过优化整合后的国家科技计划（专项、基金等），支持符合条件的大数据关键技术研发。

加强大数据基础研究。融合数理科学、计算机科学、社会科学及其他应用学科，以研究相关性和复杂网络为主，探讨建立数据科学的学科体系；研究面向大数据计算的新体系和大数据分析理论，突破大数据认知与处理的技术瓶颈；面向网络、安全、金融、生物组学、健康医疗等重点需求，探索建立数据科学驱动行业应用的模型。

大数据技术产品研发。加大投入力度，加强数据存储、整理、分析处理、可视化、信息安全与隐私保护等领域技术产品的研发，突破关键环节技术瓶颈。到 2020 年，形成一批具有国际竞争力的大数据处理、分析、可视化软件和硬件支撑平台等产品。

提升大数据技术服务能力。促进大数据与各行业应用的深度融合，形成一批代表性应用案例，以应用带动大数据技术和产品研发，形成面向各行业的成熟的大数据解决方案。

7. 完善大数据产业链。支持企业开展基于大数据的第三方数据分析发掘服务、技术外包服务和知识流程外包服务。鼓励企业根据数据资源基础和业务特色，积极发展互联网金融和移动金融等新业态。推动大数据与移动互联网、物联网、云计算的深度融合，深化大数据在各行业的创新应用，积极探索创新协作共赢的应用模式和商业模式。加强大数据应用创新能力建设，建立政产学研用联动、大中小企业协调发展的大数据产业体系。建立和完善大数据产业公共服务支撑体系，组建大数据开源社区和产业联盟，促进协同创新，加快计量、标准化、检验检测和认证认可等大数据产业质量技术基础建设，加速大数据应用普及。

☞ **专栏9 大数据产业支撑能力提升工程**

培育骨干企业。完善政策体系，着力营造服务环境优、要素成本低的良好氛围，加速培育大数据龙头骨干企业。充分发挥骨干企业的带动作用，形成大中小企业相互支撑、协同合作的大数据产业生态体系。到2020年，培育10家国际领先的大数据核心龙头企业，500家大数据应用、服务和产品制造企业。

大数据产业公共服务。整合优质公共服务资源，汇聚海量数据资源，形成面向大数据相关领域的公共服务平台，为企业和用户提供研发设计、技术产业化、人力资源、市场推广、评估评价、认证认可、检验检测、宣传展示、应用推广、行业咨询、投融资、教育培训等公共服务。

中小微企业公共服务大数据。整合现有中小微企业公共服务系统与数据资源，链接各省（区、市）建成的中小微企业公共服务线上管理系统，形成全国统一的中小微企业公共服务大数据平台，为中小微企业提供科技服务、综合服务、商贸服务等各类公共服务。

（三）强化安全保障，提高管理水平，促进健康发展

1. 健全大数据安全保障体系。加强大数据环境下的网络安全问题研究和基于大数据的网络安全技术研究，落实信息安全等级保护、风险评估等网络安全制度，建立健全大数据安全保障体系。建立大数据安全评估体系。切实加强关键信息基础设施安全防护，做好大数据平台及服务商的可靠性及安全性评测、应用安全评测、监测预警和风险评估。明确数据采集、传输、存储、使用、开放等各环节保障网络安全的范围边界、责任主体和具体要求，切实加强对涉及国家利益、公共安全、商业秘密、个人隐私、军工科研生产等信息的保护。妥善处理发展创新与保障安全的关系，审慎监管，保护创新，探索完善安全保密管理规范措施，切实保障数据安全。

2. 强化安全支撑。采用安全可信产品和服务，提升基础设施关键设备安全可靠水平。建设国家网络安全信息汇聚共享和关联分析平台，促进网络安全

相关数据融合和资源合理分配，提升重大网络安全事件应急处理能力；深化网络安全防护体系和态势感知能力建设，增强网络空间安全防护和安全事件识别能力。开展安全监测和预警通报工作，加强大数据环境下防攻击、防泄露、防窃取的监测、预警、控制和应急处置能力建设。

☞ **专栏 10　网络和大数据安全保障工程**

网络和大数据安全支撑体系建设。在涉及国家安全稳定的领域采用安全可靠的产品和服务，到 2020 年，实现关键部门的关键设备安全可靠。完善网络安全保密防护体系。

大数据安全保障体系建设。明确数据采集、传输、存储、使用、开放等各环节保障网络安全的范围边界、责任主体和具体要求，建设完善金融、能源、交通、电信、统计、广电、公共安全、公共事业等重要数据资源和信息系统的安全保密防护体系。

网络安全信息共享和重大风险识别大数据支撑体系建设。通过对网络安全威胁特征、方法、模式的追踪、分析，实现对网络安全威胁新技术、新方法的及时识别与有效防护。强化资源整合与信息共享，建立网络安全信息共享机制，推动政府、行业、企业间的网络风险信息共享，通过大数据分析，对网络安全重大事件进行预警、研判和应对指挥。

四、政 策 机 制

（一）完善组织实施机制。建立国家大数据发展和应用统筹协调机制，推动形成职责明晰、协同推进的工作格局。加强大数据重大问题研究，加快制定出台配套政策，强化国家数据资源统筹管理。加强大数据与物联网、智慧城市、云计算等相关政策、规划的协同。加强中央与地方协调，引导地方各级政府结合自身条件合理定位、科学谋划，将大数据发展纳入本地区经济社会和城镇化发展规划，制定出台促进大数据产业发展的政策措施，突出区域特色和分工，抓好措施落实，实现科学有序发展。设立大数据专家咨询委员会，为大数据发展应用及相关工程实施提供决策咨询。各有关部门要进一步统一思想，认真落实本行动纲要提出的各项任务，共同推动形成公共信息资源共享共用和大数据产业健康安全发展的良好格局。

（二）加快法规制度建设。修订政府信息公开条例。积极研究数据开放、保护等方面制度，实现对数据资源采集、传输、存储、利用、开放的规范管理，促进政府数据在风险可控原则下最大程度开放，明确政府统筹利用市场主体大数据的权限及范围。制定政府信息资源管理办法，建立政府部门数据资源统筹管理和共享复用制度。研究推动网上个人信息保护立法工作，界定个人信息采集应用的范围和方式，明确相关主体的权利、责任和义务，加强对数据滥用、侵犯个人隐私等行为的管理和惩戒。推动出台相关法律法规，加强对基础信息网络和关键行业领域重要信息系统的安全保护，保障网络数据安全。研究推动数据资源权益相关立法工作。

（三）健全市场发展机制。建立市场化的数据应用机制，在保障公平竞争的前提下，支持社会资本参与公共服务建设。鼓励政府与企业、社会机构开展合作，通过政府采购、服务外包、社会众包等多种方式，依托专业企业开展政府大数据应用，降低社会管理成本。引导培育大数据交易市场，开展面向应用的数据交易市场试点，探索开展大数据衍生产品交易，鼓励产业链各环节市场主体进行数据交换和交易，促进数据资源流通，建立健全数据资源交易机制和定价机制，规范交易行为。

（四）建立标准规范体系。推进大数据产业标准体系建设，加快建立政府部门、事业单位等公共机构的数据标准和统计标准体系，推进数据采集、政府数据开放、指标口径、分类目录、交换接口、访问接口、数据质量、数据交易、技术产品、安全保密等关键共性标准的制定和实施。加快建立大数据市场交易标准体系。开展标准验证和应用试点示范，建立标准符合性评估体系，充分发挥标准在培育服务市场、提升服务能力、支撑行业管理等方面的作用。积极参与相关国际标准制定工作。

（五）加大财政金融支持。强化中央财政资金引导，集中力量支持大数据核心关键技术攻关、产业链构建、重大应用示范和公共服务平台建设等。利用现有资金渠道，推动建设一批国际领先的重大示范工程。完善政府采购大数据服务的配套政策，加大对政府部门和企业合作开发大数据的支持力度。鼓励金融机构加强和改进金融服务，加大对大数据企业的支持力度。鼓励大数据企业进入资本市场融资，努力为企业重组并购创造更加宽松的金融政策环境。引导创业投资基金投向大数据产业，鼓励设立一批投资于大数据产业领域的创业投资基金。

（六）加强专业人才培养。创新人才培养模式，建立健全多层次、多类型的大数据人才培养体系。鼓励高校设立数据科学和数据工程相关专业，重点培养专业化数据工程师等大数据专业人才。鼓励采取跨校联合培养等方式开展跨学科大数据综合型人才培养，大力培养具有统计分析、计算机技术、经济管理等多学科知识的跨界复合型人才。鼓励高等院校、职业院校和企业合作，加强职业技能人才实践培养，积极培育大数据技术和应用创新型人才。依托社会化教育资源，开展大数据知识普及和教育培训，提高社会整体认知和应用水平。

（七）促进国际交流合作。坚持平等合作、互利共赢的原则，建立完善国际合作机制，积极推进大数据技术交流与合作，充分利用国际创新资源，促进大数据相关技术发展。结合大数据应用创新需要，积极引进大数据高层次人才和领军人才，完善配套措施，鼓励海外高端人才回国就业创业。引导国内企业与国际优势企业加强大数据关键技术、产品的研发合作，支持国内企业参与全球市场竞争，积极开拓国际市场，形成若干具有国际竞争力的大数据企业和产品。

大数据产业发展规划（2016－2020 年）

数据是国家基础性战略资源，是 21 世纪的"钻石矿"。党中央、国务院高度重视大数据在经济社会发展中的作用，党的十八届五中全会提出"实施国家大数据战略"，国务院印发《促进大数据发展行动纲要》，全面推进大数据发展，加快建设数据强国。"十三五"时期是我国全面建成小康社会的决胜阶段，是新旧动能接续转换的关键时期，全球新一代信息产业处于加速变革期，大数据技术和应用处于创新突破期，国内市场需求处于爆发期，我国大数据产业面临重要的发展机遇。抢抓机遇，推动大数据产业发展，对提升政府治理能力、优化民生公共服务、促进经济转型和创新发展有重大意义。为推动我国大数据产业持续健康发展，深入贯彻十八届五中全会精神，实施国家大数据战略，落实国务院《促进大数据发展行动纲要》，按照《国民经济和社会发展第十三个五年规划纲要》的总体部署，编制本规划。

一、我国发展大数据产业的基础

大数据产业指以数据生产、采集、存储、加工、分析、服务为主的相关经济活动，包括数据资源建设、大数据软硬件产品的开发、销售和租赁活动，以及相关信息技术服务。

"十二五"期间，我国信息产业迅速壮大，信息技术快速发展，互联网经济日益繁荣，积累了丰富的数据资源，技术创新取得了明显突破，应用势头良好，为"十三五"时期我国大数据产业加快发展奠定了坚实基础。

信息化积累了丰富的数据资源。我国信息化发展水平日益提高，对数据资源的采集、挖掘和应用水平不断深化。政务信息化水平不断提升，全国面向公众的政府网站达8.4万个。智慧城市建设全面展开，"十二五"期间近300个城市进行了智慧城市试点。两化融合发展进程不断深入，正进入向纵深发展的新阶段。信息消费蓬勃发展，网民数量超过7亿，移动电话用户规模已经突破13亿，均居世界第一。月度户均移动互联网接入流量达835M。政府部门、互联网企业、大型集团企业积累沉淀了大量的数据资源。我国已成为产生和积累数据量最大、数据类型最丰富的国家之一。

大数据技术创新取得明显突破。在软硬件方面，国内骨干软硬件企业陆续推出自主研发的大数据基础平台产品，一批信息服务企业面向特定领域研发数据分析工具，提供创新型数据服务。在平台建设方面，互联网龙头企业服务器单集群规模达到上万台，具备建设和运维超大规模大数据平台的技术实力。在智能分析方面，部分企业积极布局深度学习等人工智能前沿技术，在语音识别、图像理解、文本挖掘等方面抢占技术制高点。在开源技术方面，我国对国际大数据开源软件社区的贡献不断增大。

大数据应用推进势头良好。大数据在互联网服务中得到广泛应用，大幅度提升网络社交、电商、广告、搜索等服务的个性化和智能化水平，催生共享经济等数据驱动的新兴业态。大数据加速向传统产业渗透，驱动生产方式和管理模式变革，推动制造业向网络化、数字化和智能化方向发展。电信、金融、交通等行业利用已积累的丰富数据资源，积极探索客户细分、风险防控、信用评价等应用，加快服务优化、业务创新和产业升级步伐。

大数据产业体系初具雏形。2015年，我国信息产业收入达到17.1万亿元，比2010年进入"十二五"前翻了一番。其中软件和信息技术服务业实现软件业务收入4.3万亿元，同比增长15.7%。大型数据中心向绿色化、集约化发展，跨地区经营互联网数据中心（IDC）业务的企业达到295家。云计算服务逐渐成熟，主要云计算平台的数据处理规模已跻身世界前列，为大数据提供强大的计算存储能力并促进数据集聚。在大数据资源建设、大数据技术、大数据应用领域涌现出一批新模式和新业态。龙头企业引领，上下游企业互动的产业格局初步形成。基于大数据的创新创业日趋活跃，大数据技术、产业与服务成为社会资本投入的热点。

大数据产业支撑能力日益增强。形成了大数据标准化工作机制，大数据标准体系初步形成，开展了大数据技术、交易、开放共享、工业大数据等国家标准的研制工作，部分标准在北京、上海、贵阳开展了试点示范。一批大数据技术研发实验室、工程中心、企业技术中心、产业创新平台、产业联盟、投资基金等形式的产业支撑平台相继建成。大数据安全保障体系和法律法规不断完善。

二、"十三五"时期面临的形势

大数据成为塑造国家竞争力的战略制高点之一，国家竞争日趋激烈。一个国家掌握和运用大数据的能力成为国家竞争力的重要体现，各国纷纷将大数据作为国家发展战略，将产业发展作为大数据发展的核心。美国高度重视大数据研发和应用，2012年3月推出"大数据研究与发展倡议"，将大数据作为国家重要的战略资源进行管理和应用，2016年5月进一步发布"联邦大数据研究与开发计划"，不断加强在大数据研发和应用方面的布局。欧盟2014年推出了"数据驱动的经济"战略，倡导欧洲各国抢抓大数据发展机遇。此外，英国、日本、澳大利亚等国也出台了类似政策，推动大数据应用，拉动产业发展。

大数据驱动信息产业格局加速变革，创新发展面临难得机遇。当今世界，新一轮科技革命和产业变革正在孕育兴起，信息产业格局面临巨大变革。大数据推动下，信息技术正处于新旧轨道切换的过程中，分布式系统架构、多元异构数据管理技术等新技术、新模式快速发展，产业格局正处在创新变革的关键时期，我国面临加快发展重大机遇。

我国经济社会发展对信息化提出了更高要求，发展大数据具有强大的内生动力。推动大数据应用，加快传统产业数字化、智能化，做大做强数字经济，能够为我国经济转型发展提供新动力，为重塑国家竞争优势创造新机遇，为提升政府治理能力开辟新途径，是支撑国家战略的重要抓手。当前我国正在推进供给侧结构性改革和服务型政府建设，加快实施"互联网＋"行动计划和中国制造2025战略，建设公平普惠、便捷高效的民生服务体系，为大数据产业创造了广阔的市场空间，是我国大数据产业发展的强大内生动力。

我国大数据产业具备了良好基础，面临难得的发展机遇，但仍然存在一些困难和问题。一是数据资源开放共享程度低。数据质量不高，数据资源流通不畅，管理能力弱，数据价值难以被有效挖掘利用。二是技术创新与支撑能力不强。我国在新型计算平台、分布式计算架构、大数据处理、分析和呈现方面与国外仍存在较大差距，对开源技术和相关生态系统影响力弱。三是大数据应用水平不高。我国发展大数据具有强劲的应用市场优势，但是目前还存在应用领域不广泛、应用程度不深、认识不到位等问题。四是大数据产业支撑体系尚不完善。数据所有权、隐私权等相关法律法规和信息安全、开放共享等标准规范不健全，尚未建立起兼顾安全与发展的数据开放、管理和信息安全保障体系。五是人才队伍建设亟须加强。大数据基础研究、产品研发和业务应用等各类人才短缺，难以满足发展需要。

"十三五"时期是我国全面建成小康社会决胜阶段，是实施国家大数据战略的起步期，是大数据产业崛起的重要窗口期，必须抓住机遇加快发展，实现从数据大国向数据强国转变。

三、指导思想和发展目标

（一）指导思想

全面贯彻党的十八大和十八届三中、四中、五中、六中全会精神，坚持创新、协调、绿色、开放、共享的发展理念，围绕实施国家大数据战略，以强化大数据产业创新发展能力为核心，以推动数据开放与共享、加强技术产品研发、深化应用创新为重点，以完善发展环境和提升安全保障能力为支撑，打造数据、技术、应用与安全协同发展的自主产业生态体系，全面提升我国大数据的资源掌控能力、技术支撑能力和价值挖掘能力，加快建设数据强国，有力支撑制造强国和网络强国建设。

（二）发展原则

创新驱动。瞄准大数据技术发展前沿领域，强化创新能力，提高创新层次，以企业为主体集中攻克大数据关键技术，加快产品研发，发展壮大新兴大数据服务业态，加强大数据技术、应用和商业模式的协同创新，培育市场化、网络化的创新生态。

应用引领。发挥我国市场规模大、应用需求旺的优势，以国家战略、人民需要、市场需求为牵引，加快大数据技术产品研发和在各行业、各领域的应用，促进跨行业、跨领域、跨地域大数据应用，形成良性互动的产业发展格局。

开放共享。汇聚全球大数据技术、人才和资金等要素资源，坚持自主创新和开放合作相结合，走开放式的大数据产业发展道路。树立数据开放共享理念，完善相关制度，推动数据资源开放共享与信息流通。

统筹协调。发挥企业在大数据产业创新中的主体作用,加大政府政策支持和引导力度,营造良好的政策法规环境,形成政产学研用统筹推进的机制。加强中央、部门、地方大数据发展政策衔接,优化产业布局,形成协同发展合力。

安全规范。安全是发展的前提,发展是安全的保障,坚持发展与安全并重,增强信息安全技术保障能力,建立健全安全防护体系,保障信息安全和个人隐私。加强行业自律,完善行业监管,促进数据资源有序流动与规范利用。

(三)发展目标

到 2020 年,技术先进、应用繁荣、保障有力的大数据产业体系基本形成。大数据相关产品和服务业务收入突破 1 万亿元[①],年均复合增长率保持 30% 左右,加快建设数据强国,为实现制造强国和网络强国提供强大的产业支撑。

——技术产品先进可控。在大数据基础软硬件方面形成安全可控技术产品,在大数据获取、存储管理和处理平台技术领域达到国际先进水平,在数据挖掘、分析与应用等算法和工具方面处于领先地位,形成一批自主创新、技术先进,满足重大应用需求的产品、解决方案和服务。

——应用能力显著增强。工业大数据应用全面支撑智能制造和工业转型升级,大数据在创新创业、政府管理和民生服务等方面广泛深入应用,技术融合、业务融合和数据融合能力显著提升,实现跨层级、跨地域、跨系统、跨部门、跨业务的协同管理和服务,形成数据驱动创新发展的新模式。

——生态体系繁荣发展。形成若干创新能力突出的大数据骨干企业,培育一批专业化数据服务创新型中小企业,培育 10 家国际领先的大数据核心龙头企业和 500 家大数据应用及服务企业。形成比较完善的大数据产业链,大数据产业体系初步形成。建设 10~15 个大数据综合试验区,创建一批大数据产业集聚区,形成若干大数据新型工业化产业示范基地。

——支撑能力不断增强。建立健全覆盖技术、产品和管理等方面的大数据标准体系。建立一批区域性、行业性大数据产业和应用联盟及行业组织。培育一批大数据咨询研究、测试评估、技术和知识产权、投融资等专业化服务机构。建设 1~2 个运营规范、具有一定国际影响力的开源社区。

——数据安全保障有力。数据安全技术达到国际先进水平。国家数据安全保护体系基本建成。数据安全技术保障能力和保障体系基本满足国家战略和市

---

① 基于现有电子信息产业统计数据及行业抽样估计,2015 年我国大数据产业业务收入 2800 亿元左右。

场应用需求。数据安全和个人隐私保护的法规制度较为完善。

四、重点任务和重大工程

(一) 强化大数据技术产品研发

以应用为导向，突破大数据关键技术，推动产品和解决方案研发及产业化，创新技术服务模式，形成技术先进、生态完备的技术产品体系。

加快大数据关键技术研发。围绕数据科学理论体系、大数据计算系统与分析、大数据应用模型等领域进行前瞻布局，加强大数据基础研究。发挥企业创新主体作用，整合产学研用资源优势联合攻关，研发大数据采集、传输、存储、管理、处理、分析、应用、可视化和安全等关键技术。突破大规模异构数据融合、集群资源调度、分布式文件系统等大数据基础技术，面向多任务的通用计算框架技术，以及流计算、图计算等计算引擎技术。支持深度学习、类脑计算、认知计算、区块链、虚拟现实等前沿技术创新，提升数据分析处理和知识发现能力。结合行业应用，研发大数据分析、理解、预测及决策支持与知识服务等智能数据应用技术。突破面向大数据的新型计算、存储、传感、通信等芯片及融合架构、内存计算、亿级并发、EB 级存储、绿色计算等技术，推动软硬件协同发展。

培育安全可控的大数据产品体系。以应用为牵引，自主研发和引进吸收并重，加快形成安全可控的大数据产品体系。重点突破面向大数据应用基础设施的核心信息技术设备、信息安全产品以及面向事务的新型关系数据库、列式数据库、NoSQL 数据库、大规模图数据库和新一代分布式计算平台等基础产品。加快研发新一代商业智能、数据挖掘、数据可视化、语义搜索等软件产品。结合数据生命周期管理需求，培育大数据采集与集成、大数据分析与挖掘、大数据交互感知、基于语义理解的数据资源管理等平台产品。面向重点行业应用需求，研发具有行业特征的大数据检索、分析、展示等技术产品，形成垂直领域成熟的大数据解决方案及服务。

创新大数据技术服务模式。加快大数据服务模式创新，培育数据即服务新模式和新业态，提升大数据服务能力，降低大数据应用门槛和成本。围绕数据全生命周期各阶段需求，发展数据采集、清洗、分析、交易、安全防护等技术服务。推进大数据与云计算服务模式融合，促进海量数据、大规模分布式计算和智能数据分析等公共云计算服务发展，提升第三方大数据技术服务能力。推动大数据技术服务与行业深度结合，培育面向垂直领域的大数据服务模式。

☞ **专栏1 大数据关键技术及产品研发与产业化工程**

突破技术。支持大数据共性关键技术研究，实施云计算和大数据重点专项等重大项目。着力突破服务器新型架构和绿色节能技术、海量多源异构数据的存储和管理技术、可信数据分析技术、面向大数据处理的多种计算模型及其编程框架等关键技术。

打造产品。以应用为导向，支持大数据产品研发，建立完善的大数据工具型、平台型和系统型产品体系，形成面向各行业的成熟大数据解决方案，推动大数据产品和解决方案研发及产业化。

树立品牌。支持我国大数据企业建设自主品牌，提升市场竞争力。引导企业加强产品质量管控，提高创新能力，鼓励企业加强战略合作。加强知识产权保护，推动自主知识产权标准产业化和国际化应用。培育一批国际知名的大数据产品和服务公司。

☞ **专栏2 大数据服务能力提升工程**

培育数据即服务模式。发展数据资源服务、在线数据服务、大数据平台服务等模式，支持企业充分整合、挖掘、利用自有数据或公共数据资源，面向具体需求和行业领域，开展数据分析、数据咨询等服务，形成按需提供数据服务的新模式。

支持第三方大数据服务。鼓励企业探索数据采集、数据清洗、数据交换等新商业模式，培育一批开展数据服务的新业态。支持弹性分布式计算、数据存储等基础数据处理云服务发展。加快发展面向大数据分析的在线机器学习、自然语言处理、图像理解、语音识别、空间分析、基因分析和大数据可视化等数据分析服务。开展第三方数据交易平台建设试点示范。

（二）深化工业大数据创新应用

加强工业大数据基础设施建设规划与布局，推动大数据在产品全生命周期和全产业链的应用，推进工业大数据与自动控制和感知硬件、工业核心软件、工业互联网、工业云和智能服务平台融合发展，形成数据驱动的工业发展新模式，支撑中国制造2025战略，探索建立工业大数据中心。

加快工业大数据基础设施建设。加快建设面向智能制造单元、智能工厂及物联网应用的低延时、高可靠、广覆盖的工业互联网，提升工业网络基础设施服务能力。加快工业传感器、射频识别（RFID）、光通信器件等数据采集设备的部署和应用，促进工业物联网标准体系建设，推动工业控制系统的升级改造，汇聚传感、控制、管理、运营等多源数据，提升产品、装备、企业的网络化、数字化和智能化水平。

推进工业大数据全流程应用。支持建设工业大数据平台，推动大数据在重点工业领域各环节应用，提升信息化和工业化深度融合发展水平，助推工业转型升级。加强研发设计大数据应用能力，利用大数据精准感知用户需求，促进基于数据和知识的创新设计，提升研发效率。加快生产制造大数据应用，通过大数据监控优化流水线作业，强化故障预测与健康管理，优化产品质量，降低能源消耗。提升经营管理大数据应用水平，提高人力、财务、生产制造、采购等关键经营环节业务集成水平，提升管理效率和决策水平，实现经营活动的智能化。推动客户服务大数据深度应用，促进大数据在售前、售中、售后服务中的创新应用。促进数据资源整合，打通各个环节数据链条，形成全流程的数据闭环。

培育数据驱动的制造业新模式。深化制造业与互联网融合发展，坚持创新驱动，加快工业大数据与物联网、云计算、信息物理系统等新兴技术在制造业领域的深度集成与应用，构建制造业企业大数据"双创"平台，培育新技术、新业态和新模式。利用大数据，推动"专精特新"中小企业参与产业链，与中国制造2025、军民融合项目对接，促进协同设计和协同制造。大力发展基于大数据的个性化定制，推动发展顾客对工厂（C2M）等制造模式，提升制造过程智能化和柔性化程度。利用大数据加快发展制造即服务模式，促进生产型制造向服务型制造转变。

☞ **专栏3　工业大数据创新发展工程**

加强工业大数据关键技术研发及应用。加快大数据获取、存储、分析、挖掘、应用等关键技术在工业领域的应用，重点研究可编程逻辑控制器、高通量计算引擎、数据采集与监控等工控系统，开发新型工业大数据分析建模工具，开展工业大数据优秀产品、服务及应用案例的征集与宣传推广。

建设工业大数据公共服务平台，提升中小企业大数据运用能力。支持面向典型行业中小企业的工业大数据服务平台建设，实现行业数据资源的共享交换以及对产品、市场和经济运行的动态监控、预测预警，提升对中小企业的服务能力。

重点领域大数据平台建设及应用示范。支持面向航空航天装备、海洋工程装备及高技术船舶、先进轨道交通装备、节能与新能源汽车等离散制造企业，以及石油、化工、电力等流程制造企业集团的工业大数据平台开发和应用示范，整合集团数据资源，提升集团企业协同研发能力和集中管控水平。

探索工业大数据创新模式。支持建设一批工业大数据创新中心，推进企业、高校和科研院所共同探索工业大数据创新的新模式和新机制，推进工业大数据核心技术突破、产业标准建立、应用示范推广和专业人才培养引进，促进研究成果转化。

（三）促进行业大数据应用发展

加强大数据在重点行业领域的深入应用，促进跨行业大数据融合创新，在政府治理和民生服务中提升大数据运用能力，推动大数据与各行业领域的融合发展。

推动重点行业大数据应用。推动电信、能源、金融、商贸、农业、食品、文化创意、公共安全等行业领域大数据应用，推进行业数据资源的采集、整合、共享和利用，充分释放大数据在产业发展中的变革作用，加速传统行业经营管理方式变革、服务模式和商业模式创新及产业价值链体系重构。

促进跨行业大数据融合创新。打破体制机制障碍，打通数据孤岛，创新合作模式，培育交叉融合的大数据应用新业态。支持电信、互联网、工业、金融、健康、交通等信息化基础好的领域率先开展跨领域、跨行业的大数据应用，培育大数据应用新模式。支持大数据相关企业与传统行业加强技术和资源对接，共同探索多元化合作运营模式，推动大数据融合应用。

强化社会治理和公共服务大数据应用。以民生需求为导向，以电子政务和智慧城市建设为抓手，以数据集中和共享为途径，推动全国一体化的国家大数据中心建设，推进技术融合、业务融合、数据融合，实现跨层级、跨地域、跨系统、跨部门、跨业务的协同管理和服务。促进大数据在政务、交通、教育、健康、社保、就业等民生领域的应用，探索大众参与的数据治理模式，提升社会治理和城市管理能力，为群众提供智能、精准、高效、便捷的公共服务。促进大数据在市场主体监管与服务领域应用，建设基于大数据的重点行业运行分析服务平台，加强重点行业、骨干企业经济运行情况监测，提高行业运行监管和服务的时效性、精准性和前瞻性。促进政府数据和企业数据融合，为企业创新发展和社会治理提供有力支撑。

☞ **专栏4　跨行业大数据应用推进工程**

开展跨行业大数据试点示范。选择电信、互联网、工业、金融、交通、健康等数据资源丰富、信息化基础较好、应用需求迫切的重点行业领域，建设跨行业跨领域大数据平台。基于平台探索跨行业数据整合共享机制、数据共享范围、数据整合对接标准，研发数据及信息系统互操作技术，推动跨行业的数据资源整合集聚，开展跨行业大数据应用，选择应用范围广、应用效果良好的领域开展试点示范。

成立跨行业大数据推进组织。支持成立跨部门、跨行业、跨地域的大数据应用推进组织，联合开展政策、法律法规、技术和标准研究，加强跨行业大数据合作交流。

建设大数据融合应用试验床。建设跨行业大数据融合应用试验床，汇聚测试数据、分析软件和建模工具，为研发机构、大数据企业开展跨界联合研发提供环境。

（四）加快大数据产业主体培育

引导区域大数据发展布局，促进基于大数据的创新创业，培育一批大数据龙头企业和创新型中小企业，形成多层次、梯队化的创新主体和合理的产业布局，繁荣大数据生态。

利用大数据助推创新创业。鼓励资源丰富、技术先进的大数据领先企业建设大数据平台，开放平台数据、计算能力、开发环境等基础资源，降低创新创业成本。鼓励大型企业依托互联网"双创"平台，提供基于大数据的创新创业服务。组织开展算法大赛、应用创新大赛、众包众筹等活动，激发创新创业活力。支持大数据企业与科研机构深度合作，打通科技创新和产业化之间的通道，形成数据驱动的科研创新模式。

构建企业协同发展格局。支持龙头企业整合利用国内外技术、人才和专利等资源，加快大数据技术研发和产品创新，提高产品和服务的国际市场占有率和品牌影响力，形成一批具有国际竞争力的综合型和专业型龙头企业。支持中小企业深耕细分市场，加快服务模式创新和商业模式创新，提高中小企业的创新能力。鼓励生态链各环节企业加强合作，构建多方协作、互利共赢的产业生态，形成大中小企业协同发展的良好局面。

优化大数据产业区域布局。引导地方结合自身条件，突出区域特色优势，明确重点发展方向，深化大数据应用，合理定位，科学谋划，形成科学有序的产业分工和区域布局。在全国建设若干国家大数据综合试验区，在大数据制度创新、公共数据开放共享、大数据创新应用、大数据产业集聚、数据要素流通、数据中心整合、大数据国际交流合作等方面开展系统性探索试验，为全国大数据发展和应用积累经验。在大数据产业特色优势明显的地区建设一批大数据产业集聚区，创建大数据新型工业化产业示范基地，发挥产业集聚和协同作用，以点带面，引领全国大数据发展。统筹规划大数据跨区域布局，利用大数据推动信息共享、信息消费、资源对接、优势互补，促进区域经济社会协调发展。

☞ 专栏5 大数据产业集聚区创建工程

建设一批大数据产业集聚区。支持地方根据自身特点和产业基础，突出优势，合理定位，创建一批大数据产业集聚区，形成若干大数据新型工业化产业示范基地。加强基础设施统筹整合，助推大数据创新创业，培育大数据骨干企业和中小企业，强化服务与应用，完善配套措施，构建良好产业生态。在大数据技术研发、行业应用、教育培训、政策保障等方面积极创新，培育壮大大数据产业，带动区域经济社会转型发展，形成科学有序的产业分工和区域布局。建立集聚区评价指标体系，开展定期评估。

（五）推进大数据标准体系建设

加强大数据标准化顶层设计，逐步完善标准体系，发挥标准化对产业发展的重要支撑作用。

加快大数据重点标准研制与推广。结合大数据产业发展需求，建立并不断完善涵盖基础、数据、技术、平台/工具、管理、安全和应用的大数据标准体系。加快基础通用国家标准和重点应用领域行业标准的研制。选择重点行业、领域、地区开展标准试验验证和试点示范，加强宣贯和实施。建立标准符合性评估体系，强化标准对市场培育、服务能力提升和行业管理的支撑作用。加强国家标准、行业标准和团体标准等各类标准之间的衔接配套。

积极参与大数据国际标准化工作。加强我国大数据标准化组织与相关国际组织的交流合作。组织我国产学研用资源，加快国际标准提案的推进工作。支持相关单位参与国际标准化工作并承担相关职务，承办国际标准化活动，扩大国际影响。

☞ 专栏6 大数据重点标准研制及应用示范工程

加快研制重点国家标准。围绕大数据标准化的重大需求，开展数据资源分类、开放共享、交易、标识、统计、产品评价、数据能力、数据安全等基础通用标准以及工业大数据等重点应用领域相关国家标准的研制。

建立验证检测平台。建立标准试验验证和符合性检测平台，重点开展数据开放共享、产品评价、数据能力成熟度、数据质量、数据安全等关键标准的试验验证和符合性检测。

开展标准应用示范。优先支持大数据综合试验区和大数据产业集聚区建立标准示范基地，开展重点标准的应用示范工作。

（六）完善大数据产业支撑体系

统筹布局大数据基础设施，建设大数据产业发展创新服务平台，建立大数据统计及发展评估体系，创造良好的产业发展环境。

合理布局大数据基础设施建设。引导地方政府和有关企业统筹布局数据中心建设，充分利用政府和社会现有数据中心资源，整合改造规模小、效率低、能耗高的分散数据中心，避免资源和空间的浪费。鼓励在大数据基础设施建设中广泛推广可再生能源、废弃设备回收等低碳环保方式，引导大数据基础设施体系向绿色集约、布局合理、规模适度、高速互联方向发展。加快网络基础设施建设升级，优化网络结构，提升互联互通质量。

构建大数据产业发展公共服务平台。充分利用和整合现有创新资源，形成一批大数据测试认证及公共服务平台。支持建立大数据相关开源社区等公共技术创新平台，鼓励开发者、企业、研究机构积极参与大数据开源项目，增强在开源社区的影响力，提升创新能力。

建立大数据发展评估体系。研究建立大数据产业发展评估体系，对我国及各地大数据资源建设状况、开放共享程度、产业发展能力、应用水平等进行监测、分析和评估，编制发布大数据产业发展指数，引导和评估全国大数据发展。

☞ 专栏7　大数据公共服务体系建设工程

建立大数据产业公共服务平台。提供政策咨询、共性技术支持、知识产权、投融资对接、品牌推广、人才培训、创业孵化等服务，推动大数据企业快速成长。

支持第三方机构建立测试认证平台。开展大数据可用性、可靠性、安全性和规模质量等方面的测试测评、认证评估等服务。

建立大数据开源社区。以自主创新技术为核心，孵化培育本土大数据开源社区和开源项目，构建大数据产业生态。

（七）提升大数据安全保障能力

针对网络信息安全新形势，加强大数据安全技术产品研发，利用大数据完善安全管理机制，构建强有力的大数据安全保障体系。

加强大数据安全技术产品研发。重点研究大数据环境下的统一账号、认证、授权和审计体系及大数据加密和密级管理体系，突破差分隐私技术、多方安全计算、数据流动监控与追溯等关键技术。推广防泄露、防窃取、匿名化等大数据保护技术，研发大数据安全保护产品和解决方案。加强云平台虚拟机安全技术、虚拟化网络安全技术、云安全审计技术、云平台安全统一管理技术等大数据安全支撑技术研发及产业化，加强云计算、大数据基础软件系统漏洞挖掘和加固。

提升大数据对网络信息安全的支撑能力。综合运用多源数据，加强大数据挖掘分析，增强网络信息安全风险感知、预警和处置能力。加强基于大数据的新型信息安全产品研发，推动大数据技术在关键信息基础设施安全防护中的应用，保障金融、能源、电力、通信、交通等重要信息系统安全。建设网络信息安全态势感知大数据平台和国家工业控制系统安全监测与预警平台，促进网络信息安全威胁数据采集与共享，建立统一高效、协同联动的网络安全风险报告、情报共享和研判处置体系。

☞ **专栏8　大数据安全保障工程**

开展大数据安全产品研发与应用示范。支持相关企业、科研院所开展大数据全生命周期安全研究，研发数据来源可信、多源融合安全数据分析等新型安全技术，推动数据安全态势感知、安全事件预警预测等新型安全产品研发和应用。

支持建设一批大数据安全攻防仿真实验室。研究建立软硬一体化的模拟环境，支持工业、能源、金融、电信、互联网等重点行业开展数据入侵、反入侵和网络攻防演练，提升数据安全防护水平和应急处置能力。

五、保障措施

（一）推进体制机制创新

在促进大数据发展部际联席会议制度下，建立完善中央和地方联动的大数据发展协调机制，形成以应用带动产业、以产业支撑应用的良性格局，协同推进大数据产业和应用的发展。加强资源共享和沟通协作，协调制定政策措施和行动计划，解决大数据产业发展过程中的重大问题。建立大数据发展部省协调机制，加强地方与中央大数据产业相关政策、措施、规划等政策的衔接，通过联合开展产业规划等措施促进区域间大数据政策协调。组织开展大数据发展评估检查工作，确保重点工作有序推进。充分发挥地方政府大数据发展统筹机构或协调机制的作用，将大数据产业发展纳入本地区经济社会发展规划，加强大数据产业发展的组织保障。

（二）健全相关政策法规制度

推动制定公共信息资源保护和开放的制度性文件，以及政府信息资源管理办法，逐步扩大开放数据的范围，提高开放数据质量。加强数据统筹管理及行业自律，强化大数据知识产权保护，鼓励企业设立专门的数据保护职位。研究制定数据流通交易规则，推进流通环节的风险评估，探索建立信息披露制度，支持第三方机构进行数据合规应用的监督和审计，保障相关主体合法权益。推动完善个人信息保护立法，建立个人信息泄露报告制度，健全网络数据和用户信息的防泄露、防篡改和数据备份等安全防护措施及相关的管理机制，加强对数据滥用、侵犯个人隐私等行为的管理和惩戒力度。强化关键信息基础设施安全保护，推动建立数据跨境流动的法律体系和管理机制，加强重要敏感数据跨境流动的管理。推动大数据相关立法进程，支持地方先行先试，研究制定地方性大数据相关法规。

（三）加大政策扶持力度

结合《促进大数据发展行动纲要》、中国制造 2025、"互联网 +"行动计划、培育发展战略性新兴产业的决定等战略文件，制定面向大数据产业发展的金融、政府采购等政策措施，落实相关税收政策。充分发挥国家科技计划（专项、基金等）资金扶持政策的作用，鼓励有条件的地方设立大数据发展专项基金，支持大数据基础技术、重点产品、服务和应用的发展。鼓励产业投资机构和担保机构加大对大数据企业的支持力度，引导金融机构对技术先进、带动力强、惠及面广的大数据项目优先予以信贷支持，鼓励大数据企业进入资本市场融资，为企业重组并购创造更加宽松的市场环境。支持符合条件的大数据企业享受相应优惠政策。

（四）建设多层次人才队伍

建立适应大数据发展需求的人才培养和评价机制。加强大数据人才培养，整合高校、企业、社会资源，推动建立创新人才培养模式，建立健全多层次、多类型的大数据人才培养体系。鼓励高校探索建立培养大数据领域专业型人才和跨界复合型人才机制。支持高校与企业联合建立实习培训机制，加强大数据人才职业实践技能培养。鼓励企业开展在职人员大数据技能培训，积极培育大数据技术和应用创新型人才。依托社会化教育资源，开展大数据知识普及和教育培训，提高社会整体认知和应用水平。鼓励行业组织探索建立大数据人才能力评价体系。完善配套措施，培养大数据领域创新型领军人才，吸引海外大数据高层次人才来华就业、创业。

（五）推动国际化发展

按照网络强国建设的总体要求，结合"一带一路"等国家重大战略，加快开拓国际市场，输出优势技术和服务，形成一批具有国际竞争力的大数据企业和产品。充分利用国际合作交流机制和平台，加强在大数据关键技术研究、产品研发、数据开放共享、标准规范、人才培养等方面的交流与合作。坚持网络主权原则，积极参与数据安全、数据跨境流动等国际规则体系建设，促进开放合作，构建良好秩序。

云计算发展三年行动计划（2017－2019 年）

一、背景情况

云计算是信息技术发展和服务模式创新的集中体现，是信息化发展的重大变革和必然趋势，是信息时代国际竞争的制高点和经济发展新动能的助燃剂。云计算引发了软件开发部署模式的创新，成为承载各类应用的关键基础设施，并为大数据、物联网、人工智能等新兴领域的发展提供基础支撑。云计算能够有效整合各类设计、生产和市场资源，促进产业链上下游的高效对接与协同创新，为"大众创业、万众创新"提供基础平台，已成为推动制造业与互联网融合的关键要素，是推进制造强国、网络强国战略的重要驱动力量。

党中央、国务院高度重视以云计算为代表的新一代信息产业发展，发布了《国务院关于促进云计算创新发展培育信息产业新业态的意见》（国发〔2015〕5 号）等政策措施。在政府积极引导和企业战略布局等推动下，经过社会各界共同努力，云计算已逐渐被市场认可和接受。"十二五"末期，我国云计算产业规模已达 1500 亿元，产业发展势头迅猛、创新能力显著增强、服务能力大幅提升、应用范畴不断拓展，已成为提升信息化发展水平、打造数字经济新动能的重要支撑。但也存在市场需求尚未完全释放、产业供给能力有待加强、低水平重复建设现象凸显、产业支撑条件有待完善等问题。为进一步提升我国云计算发展与应用水平，积极抢占信息技术发展的制高点，制定本行动计划。

二、总体思路和发展目标

（一）指导思想

全面落实党的十八大和十八届三中、四中、五中、六中全会精神，深入贯彻习近平总书记系列重要讲话精神，牢固树立和贯彻落实创新、协调、绿色、开放、共享的发展理念，以推动制造强国和网络强国战略实施为主要目标，以加快重点行业领域应用为着力点，以增强创新发展能力为主攻方向，夯实产业基础，优化发展环境，完善产业生态，健全标准体系，强化安全保障，推动我国云计算产业向高端化、国际化方向发展，全面提升我国云计算产业实力和信息化应用水平。

（二）基本原则

打牢基础，优化环境。从技术研发、标准体系、产业组织等基础环节入手，根据产业、市场在不同阶段的特点和需求适时调整完善政策，引导产业健康快速发展。引导地方根据资源禀赋、产业基础，合理确定发展定位，避免盲目投资和重复建设。

应用引导，统筹推进。坚持市场需求导向，以工业云、政务云等重点行业领域应用为切入点，带动产业快速发展。推动云计算的普及推广与深入应用。支持以云计算平台为基础，灵活运用云模式，开展创业创新，积极培育新业态、新模式。

协同突破，完善生态。推动云计算企业整合资源，建立制造业创新中心，持续提升云计算服务能力。鼓励骨干企业构建开发测试平台，带动产业链上核心芯片、基础软件、应用软件、关键设备、大数据平台等关键环节的发展，打造协作共赢的产业生态，实现产业整体突破。

提升能力，保障安全。高度重视云计算应用和服务发展带来的网络安全问题与挑战，结合云计算发展特点，进一步提升网络安全技术保障能力，制定完善安全管理制度标准，形成健全的安全防护体系，落实企业安全责任。

开放包容，国际发展。支持云计算企业"走出去"拓展国际市场。鼓励企业充分吸收利用包括开源技术在内的国际化资源，支持企业加大在国际云计算产业、标准、开源组织中的参与力度。

（三）发展目标

到 2019 年，我国云计算产业规模达到 4300 亿元，突破一批核心关键技术，云计算服务能力达到国际先进水平，对新一代信息产业发展的带动效应显著增强。云计算在制造、政务等领域的应用水平显著提升。云计算数据中心布局得到优化，使用率和集约化水平显著提升，绿色节能水平不断提高，新建数据中心 PUE 值普遍优于 1.4。发布云计算相关标准超过 20 项，形成较为完整的云计算标准体系和第三方测评服务体系。云计算企业的国际影响力显著增强，涌现 2~3 家在全球云计算市场中具有较大份额的领军企业。云计算网络安全保障能力明显提高，网络安全监管体系和法规体系逐步健全。云计算成为信息化建设主要形态和建设网络强国、制造强国的重要支撑，推动经济社会各领域信息化水平大幅提高。

三、重点任务

（一）技术增强行动

持续提升关键核心技术能力。支持大型专业云计算企业牵头，联合科研院所、高等院校建立云计算领域制造业创新中心，组织实施一批重点产业化创新工程，掌握云计算发展制高点。积极发展容器、微内核、超融合等新型虚拟化技术，提升虚拟机热迁移的处理能力、处理效率和用户资源隔离水平。面向大规模数据处理、内存计算、科学计算等应用需求，持续提升超大规模分布式存储、计算资源的管理效率和能效管理水平。支持企业、研究机构、产业组织参与主流开源社区，利用开源社区技术和开发者资源，提升云计算软件技术水平和系统服务能力。引导企业加强云计算领域的核心专利布局，开展云计算知识产权分析和风险评估，发布分析预警研究成果，引导企业加强知识产权布局。开展知识产权相关法律法规宣传和培训，提高企业知识产权意识和管理水平。

加快完善云计算标准体系。落实《云计算综合标准化体系建设指南》，推进完善标准体系框架。指导标准化机构加快制定云计算资源监控、服务计量计费、应用和数据迁移、工业云服务能力总体要求、云计算服务器技术要求等关键急需技术、服务和应用标准。积极开展标准的宣贯实施和应用示范工作，在应用中检验和完善标准。探索创新标准化工作形式，积极培育和发展团体标准，指导和支持标准组织、产业联盟、核心企业等主体制定发布高质量的云计算标准成果。支持骨干企业及行业协会实质性参与云计算技术、管理、服务等方面国际标准的制定。

深入开展云服务能力测评。依托第三方测试机构和骨干企业力量，以相关国家、行业、团体标准为依托，以用户需求为导向，围绕人员、技术、过程、资源等云计算服务关键环节，建立健全测评指标体系和工作流程，开展云计算服务能力、可信度测评工作，引导云计算企业提升服务水平、保障服务质量，提高安全保障能力。积极推动与国际主流测评体系的结果互认。

（二）产业发展行动

支持软件企业向云计算转型。支持地方主管部门联合云计算骨干企业建立面向云计算开发测试的公共服务平台，提供咨询、培训、研发、商务等公共服务。支持软件和信息技术服务企业基于开发测试平台发展产品、服务和解决方案，加速向云计算转型，丰富完善办公、生产管理、财务管理、营销管理、人力资源管理等企业级 SaaS 服务，发展面向个人信息存储、家居生活、学习娱乐的云服务，培育信息消费新热点。

加快培育骨干龙头企业。面向重点行业领域创新发展需求，加大资金、信贷、人才等方面支持力度，加快培育一批有一定技术实力和业务规模、创新能力突出、市场前景好、影响力强的云计算企业及云计算平台。支持骨干龙头企业丰富服务种类，提高服务能力，创新商业模式，打造生态体系，推动形成云计算领域的产业梯队，不断增强我国在云计算领域的体系化发展实力。

推动产业生态体系建设。建设一批云计算领域的新型工业化产业示范基地，完善产业载体建设。依托产业联盟等行业组织，充分发挥骨干云计算企业的带动作用和技术溢出效应，加快云计算关键设备研发和产业化，引导芯片、基础软件、服务器、存储、网络等领域的企业，在软件定义网络、新型架构计算设备、超融合设备、绿色数据中心、模块化数据中心、存储设备、信息安全产品等方面实现技术与产品突破，带动信息产业发展，强化产业支撑能力。大力发展面向云计算的信息系统规划咨询、方案设计、系统集成和测试评估等服务。

（三）应用促进行动

积极发展工业云服务。贯彻落实《关于深化制造业与互联网融合发展的指导意见》，深入推进工业云应用试点示范工作。支持骨干制造业企业、云计算企业联合牵头搭建面向制造业特色领域的工业云平台，汇集工具库、模型库、知识库等资源，提供工业专用软件、工业数据分析、在线虚拟仿真、协同研发设计等类型的云服务，促进制造业企业加快基于云计算的业务模式和商业模式创新，发展协同创新、个性化定制等业务形态，培育"云制造"模式，提升制造业快捷化、服务化、智能化水平，推动制造业转型升级和提质增效。支持钢铁、汽车、轻工等制造业重点领域行业协会与专业机构、骨干云计算企业合作建设行业云平台，促进各类信息系统向云平台迁移，丰富专业云服务内容，推进云计算在制造业细分行业的应用，提高行业发展水平和管理水平。

协同推进政务云应用。推进基于云计算的政务信息化建设模式，鼓励地方主管部门加大利用云计算服务的力度，应用云计算整合改造现有电子政务信息系统，提高政府运行效率。积极发展安全可靠云计算解决方案，在重要信息系统和关键基础设施建设过程中，探索利用云计算系统架构和模式弥补软硬件单品性能不足，推动实现安全可靠软硬件产品规模化应用。

支持基于云计算的创新创业。深入推进大企业"双创"，鼓励和支持利用云计算发展创业创新平台，通过建立开放平台、设立创投基金、提供创业指导等形式，推动线上线下资源聚集，带动中小企业的协同创新。通过举办创客大赛等形式，支持中小企业、个人开发者基于云计算平台，开展大数据、物联网、人工智能、区块链等新技术、新业务的研发和产业化，培育一批基于云计算的平台经济、分享经济等新兴业态，进一步拓宽云计算应用范畴。

（四）安全保障行动

完善云计算网络安全保障制度。贯彻落实《网络安全法》相关规定，推动建立健全云计算相关法律法规和管理制度。加强云计算网络安全防护管理，落实公有云服务安全防护和信息安全管理系统建设要求，完善云计算服务网络安全防护标准。加大公有云服务定级备案、安全评估等工作力度，开展公有云服务网络安全防护检查工作，督促指导云服务企业切实落实网络与信息安全责任，促进安全防护手段落实和能力提升。逐步建立云安全评估认证体系。

推动云计算网络安全技术发展。针对虚拟机逃逸、多租户数据保护等云计算环境下产生的新型安全问题，着力突破云计算平台的关键核心安全技术，强化云计算环境下的安全风险应对。引导企业加大投入，推动云计算环境下网络与边界类、终端与数字内容类、管理类等安全产品和服务的研发及产业应用，加快云计算专业化安全服务队伍建设。

推动云计算安全服务产业发展。支持企业和第三方机构创新云安全服务模式，推动建设基于云计算和大数据的网络安全态势感知预警平台，实现对各类安全事件的及时发现和有效处置。持续面向电信企业、互联网企业、安全企业开展云计算安全领域的网络安全试点示范工作，推动企业加大新兴领域的研发，促进先进技术和经验的推广应用。

（五）环境优化行动

推进网络基础设施升级。落实《"宽带中国"战略及实施方案》，引导基础电信企业和互联网企业加快网络升级改造，引导建成一批全光网省、市，推动宽带接入光纤化进程，实施共建共享，进一步提升光纤宽带网络承载能力。推动互联网骨干网络建设，扩容骨干直联点带宽，持续优化网络结构。

完善云计算市场监管措施。进一步明确云计算相关业务的监管要求，依法做好互联网数据中心（IDC）、互联网资源协作服务等相关业务经营许可审批和事中事后监管工作。加快出台规范云服务市场经营行为的管理要求，规范市场秩序，促进云服务市场健康有序发展。

落实数据中心布局指导意见。进一步推动落实《关于数据中心建设布局的指导意见》，在供给侧提升能力，通过开展示范等方式，树立高水平标杆，引导对标差距，提升数据中心利用率和建设应用水平；在需求侧引导对接，通过编制发展指引，对国内数据中心按照容量能力、服务覆盖地区、适宜业务类型等要素进行分类，指导用户按照需求合理选择使用数据中心资源，推动跨区域资源共享。

四、保障措施

（一）优化投资融资环境

推动政策性银行、产业投资机构和担保机构加大对云计算企业的支持力度，推出针对性的产品和服务，加大授信支持力度，简化办理流程和手续，支持云计算企业发展。借鉴首台套保险模式，探索利用保险加快重要信息系统向云计算平台迁移。支持云计算企业进入资本市场融资，开展并购、拓展市场，加快做大做强步伐。

（二）创新人才培养模式

依托国家重大人才工程，加快培养引进一批高端、复合型云计算人才。鼓励部属高校加强云计算相关学科建设，结合产业发展，与企业共同制定人才培养目标，推广在校生实训制度，促进人才培养与企业需求相匹配。支持企业与高校联合开展在职人员培训，建立一批人才实训基地，加快培育成熟的云计算人才队伍。

（三）加强产业品牌打造

支持云计算领域产业联盟等行业组织创新发展，组织开展云计算相关技术创新活动、展示体验活动、应用促进活动，打造国内外知名的产业发展平台。加大对优秀云计算企业、产品、服务、平台、应用案例的总结宣传力度，提高我国云计算品牌的知名度。加强对优秀云计算产业示范基地、行业组织的推广，激发各界推动云计算发展的积极性。

（四）推进国际交流合作

利用中德、中欧、中日韩等国际合作机制，加快建立和完善云计算领域的国际合作与交流平台。结合"一带一路"等国家战略实施，逐步建立以专业化、市场化为导向的海外市场服务体系，支持骨干云计算企业在海外进行布局，设立海外研发中心、销售网络，拓宽海外市场渠道，开展跨国并购等业务，提高国际市场拓展能力。

科学数据管理办法

第一章 总 则

第一条 为进一步加强和规范科学数据管理，保障科学数据安全，提高开放共享水平，更好支撑国家科技创新、经济社会发展和国家安全，根据《中华人民共和国科学技术进步法》、《中华人民共和国促进科技成果转化法》和《政务信息资源共享管理暂行办法》等规定，制定本办法。

第二条　本办法所称科学数据主要包括在自然科学、工程技术科学等领域，通过基础研究、应用研究、试验开发等产生的数据，以及通过观测监测、考察调查、检验检测等方式取得并用于科学研究活动的原始数据及其衍生数据。

第三条　政府预算资金支持开展的科学数据采集生产、加工整理、开放共享和管理使用等活动适用本办法。

任何单位和个人在中华人民共和国境内从事科学数据相关活动，符合本办法规定情形的，按照本办法执行。

第四条　科学数据管理遵循分级管理、安全可控、充分利用的原则，明确责任主体，加强能力建设，促进开放共享。

第五条　任何单位和个人从事科学数据采集生产、使用、管理活动应当遵守国家有关法律法规及部门规章，不得利用科学数据从事危害国家安全、社会公共利益和他人合法权益的活动。

第二章　职　　责

第六条　科学数据管理工作实行国家统筹、各部门与各地区分工负责的体制。

第七条　国务院科学技术行政部门牵头负责全国科学数据的宏观管理与综合协调，主要职责是：

（一）组织研究制定国家科学数据管理政策和标准规范；

（二）协调推动科学数据规范管理、开放共享及评价考核工作；

（三）统筹推进国家科学数据中心建设和发展；

（四）负责国家科学数据网络管理平台建设和数据维护。

第八条　国务院相关部门、省级人民政府相关部门（以下统称主管部门）在科学数据管理方面的主要职责是：

（一）负责建立健全本部门（本地区）科学数据管理政策和规章制度，宣传贯彻落实国家科学数据管理政策；

（二）指导所属法人单位加强和规范科学数据管理；

（三）按照国家有关规定做好或者授权有关单位做好科学数据定密工作；

（四）统筹规划和建设本部门（本地区）科学数据中心，推动科学数据开放共享；

（五）建立完善有效的激励机制，组织开展本部门（本地区）所属法人单位科学数据工作的评价考核。

第九条 有关科研院所、高等院校和企业等法人单位（以下统称法人单位）是科学数据管理的责任主体，主要职责是：

（一）贯彻落实国家和部门（地方）科学数据管理政策，建立健全本单位科学数据相关管理制度；

（二）按照有关标准规范进行科学数据采集生产、加工整理和长期保存，确保数据质量；

（三）按照有关规定做好科学数据保密和安全管理工作；

（四）建立科学数据管理系统，公布科学数据开放目录并及时更新，积极开展科学数据共享服务；

（五）负责科学数据管理运行所需软硬件设施等条件、资金和人员保障。

第十条 科学数据中心是促进科学数据开放共享的重要载体，由主管部门委托有条件的法人单位建立，主要职责是：

（一）承担相关领域科学数据的整合汇交工作；

（二）负责科学数据的分级分类、加工整理和分析挖掘；

（三）保障科学数据安全，依法依规推动科学数据开放共享；

（四）加强国内外科学数据方面交流与合作。

第三章 采集、汇交与保存

第十一条 法人单位及科学数据生产者要按照相关标准规范组织开展科学数据采集生产和加工整理，形成便于使用的数据库或数据集。

法人单位应建立科学数据质量控制体系，保证数据的准确性和可用性。

第十二条 主管部门应建立科学数据汇交制度，在国家统一政务网络和数据共享交换平台的基础上开展本部门（本地区）的科学数据汇交工作。

第十三条 政府预算资金资助的各级科技计划（专项、基金等）项目所形成的科学数据，应由项目牵头单位汇交到相关科学数据中心。接收数据的科学数据中心应出具汇交凭证。

各级科技计划（专项、基金等）管理部门应建立先汇交科学数据、再验收科技计划（专项、基金等）项目的机制；项目/课题验收后产生的科学数据也应进行汇交。

第十四条 主管部门和法人单位应建立健全国内外学术论文数据汇交的管理制度。

利用政府预算资金资助形成的科学数据撰写并在国外学术期刊发表论文时需对外提交相应科学数据的，论文作者应在论文发表前将科学数据上交至所在单位统一管理。

第十五条 社会资金资助形成的涉及国家秘密、国家安全和社会公共利益的科学数据必须按照有关规定予以汇交。

鼓励社会资金资助形成的其他科学数据向相关科学数据中心汇交。

第十六条 法人单位应建立科学数据保存制度，配备数据存储、管理、服务和安全等必要设施，保障科学数据完整性和安全性。

第十七条 法人单位应加强科学数据人才队伍建设，在岗位设置、绩效收入、职称评定等方面建立激励机制。

第十八条 国务院科学技术行政部门应加强统筹布局，在条件好、资源优势明显的科学数据中心基础上，优化整合形成国家科学数据中心。

第四章 共享与利用

第十九条 政府预算资金资助形成的科学数据应当按照开放为常态、不开放为例外的原则，由主管部门组织编制科学数据资源目录，有关目录和数据应及时接入国家数据共享交换平台，面向社会和相关部门开放共享，畅通科学数据军民共享渠道。国家法律法规有特殊规定的除外。

第二十条 法人单位要对科学数据进行分级分类，明确科学数据的密级和保密期限、开放条件、开放对象和审核程序等，按要求公布科学数据开放目录，通过在线下载、离线共享或定制服务等方式向社会开放共享。

第二十一条 法人单位应根据需求，对科学数据进行分析挖掘，形成有价值的科学数据产品，开展增值服务。鼓励社会组织和企业开展市场化增值服务。

第二十二条 主管部门和法人单位应积极推动科学数据出版和传播工作，支持科研人员整理发表产权清晰、准确完整、共享价值高的科学数据。

第二十三条 科学数据使用者应遵守知识产权相关规定，在论文发表、专利申请、专著出版等工作中注明所使用和参考引用的科学数据。

第二十四条 对于政府决策、公共安全、国防建设、环境保护、防灾减灾、公益性科学研究等需要使用科学数据的，法人单位应当无偿提供；确需收费的，应按照规定程序和非营利原则制定合理的收费标准，向社会公布并接受监督。

对于因经营性活动需要使用科学数据的，当事人双方应当签订有偿服务合同，明确双方的权利和义务。

国家法律法规有特殊规定的，遵从其规定。

第五章　保密与安全

第二十五条　涉及国家秘密、国家安全、社会公共利益、商业秘密和个人隐私的科学数据，不得对外开放共享；确需对外开放的，要对利用目的、用户资质、保密条件等进行审查，并严格控制知悉范围。

第二十六条　涉及国家秘密的科学数据的采集生产、加工整理、管理和使用，按照国家有关保密规定执行。主管部门和法人单位应建立健全涉及国家秘密的科学数据管理与使用制度，对制作、审核、登记、拷贝、传输、销毁等环节进行严格管理。

对外交往与合作中需要提供涉及国家秘密的科学数据的，法人单位应明确提出利用数据的类别、范围及用途，按照保密管理规定程序报主管部门批准。经主管部门批准后，法人单位按规定办理相关手续并与用户签订保密协议。

第二十七条　主管部门和法人单位应加强科学数据全生命周期安全管理，制定科学数据安全保护措施；加强数据下载的认证、授权等防护管理，防止数据被恶意使用。

对于需对外公布的科学数据开放目录或需对外提供的科学数据，主管部门和法人单位应建立相应的安全保密审查制度。

第二十八条　法人单位和科学数据中心应按照国家网络安全管理规定，建立网络安全保障体系，采用安全可靠的产品和服务，完善数据管控、属性管理、身份识别、行为追溯、黑名单等管理措施，健全防篡改、防泄露、防攻击、防病毒等安全防护体系。

第二十九条　科学数据中心应建立应急管理和容灾备份机制，按照要求建立应急管理系统，对重要的科学数据进行异地备份。

第六章　附　　则

第三十条　主管部门和法人单位应建立完善科学数据管理和开放共享工作评价考核制度。

第三十一条　对于伪造数据、侵犯知识产权、不按规定汇交数据等行为，主管部门可视情节轻重对相关单位和责任人给予责令整改、通报批评、处分等处理或依法给予行政处罚。

对违反国家有关法律法规的单位和个人，依法追究相应责任。

第三十二条　主管部门可参照本办法，制定具体实施细则。涉及国防领域的科学数据管理制度，由有关部门另行规定。

第三十三条 本办法自印发之日起施行。

工业和信息化部 国家机关事务管理局 国家能源局
关于加强绿色数据中心建设的指导意见

各省、自治区、直辖市及计划单列市、新疆生产建设兵团工业和信息化、机关事务、能源主管部门，各省、自治区、直辖市通信管理局，有关行业组织，有关单位：

建设绿色数据中心是构建新一代信息基础设施的重要任务，是保障资源环境可持续的基本要求，是深入实施制造强国、网络强国战略的有力举措。为贯彻落实《工业绿色发展规划（2016－2020年)》（工信部规〔2016〕225号）、《工业和信息化部关于加强"十三五"信息通信业节能减排工作的指导意见》（工信部节〔2017〕77号），加快绿色数据中心建设，现提出以下意见。

一、总体要求

（一）指导思想

以习近平新时代中国特色社会主义思想为指导，全面贯彻党的十九大和十九届二中、三中全会精神，坚持新发展理念，按照高质量发展要求，以提升数据中心绿色发展水平为目标，以加快技术产品创新和应用为路径，以建立完善绿色标准评价体系等长效机制为保障，大力推动绿色数据中心创建、运维和改造，引导数据中心走高效、清洁、集约、循环的绿色发展道路，实现数据中心持续健康发展。

（二）基本原则

政策引领、市场主导。充分发挥市场配置资源的决定性作用，调动各类市场主体的积极性、创造性。更好发挥政府在规划、政策引导和市场监管中的作用，着力构建有效激励约束机制，激发绿色数据中心建设活力。

改造存量、优化增量。建立绿色运维管理体系，加快现有数据中心节能挖潜与技术改造，提高资源能源利用效率。强化绿色设计、采购和施工，全面实现绿色增量。

创新驱动、服务先行。大力培育市场创新主体，加快建立绿色数据中心服务平台，完善标准和技术服务体系，推动关键技术、服务模式的创新，引导绿色水平提升。

（三）主要目标

建立健全绿色数据中心标准评价体系和能源资源监管体系，打造一批绿色数据中心先进典型，形成一批具有创新性的绿色技术产品、解决方案，培育一批专业第三方绿色服务机构。到 2022 年，数据中心平均能耗基本达到国际先进水平，新建大型、超大型数据中心的电能使用效率值达到 1.4 以下，高能耗老旧设备基本淘汰，水资源利用效率和清洁能源应用比例大幅提升，废旧电器电子产品得到有效回收利用。

二、重点任务

（一）提升新建数据中心绿色发展水平

1. 强化绿色设计

加强对新建数据中心在 IT 设备、机架布局、制冷和散热系统、供配电系统以及清洁能源利用系统等方面的绿色化设计指导。鼓励采用液冷、分布式供电、模块化机房以及虚拟化、云化 IT 资源等高效系统设计方案，充分考虑动力环境系统与 IT 设备运行状态的精准适配；鼓励在自有场所建设自然冷源、自有系统余热回收利用或可再生能源发电等清洁能源利用系统；鼓励应用数值模拟技术进行热场仿真分析，验证设计冷量及机房流场特性。引导大型和超大型数据中心设计电能使用效率值不高于 1.4。

2. 深化绿色施工和采购

引导数据中心在新建及改造工程建设中实施绿色施工，在保证质量、安全基本要求的同时，最大限度地节约能源资源，减少对环境负面影响，实现节能、节地、节水、节材和环境保护。严格执行《电器电子产品有害物质限制使用管理办法》和《电子电气产品中限用物质的限量要求》（GB/T 26572）等规范要求，鼓励数据中心使用绿色电力和满足绿色设计产品评价等要求的绿色产品，并逐步建立健全绿色供应链管理制度。

（二）加强在用数据中心绿色运维和改造

1. 完善绿色运行维护制度

指导数据中心建立绿色运维管理体系，明确节能、节水、资源综合利用等方面发展目标，制定相应工作计划和考核办法；结合气候环境和自身负载变化、运营成本等因素科学制定运维策略；建立能源资源信息化管控系统，强化对电能使用效率值等绿色指标的设置和管理，并对能源资源消耗进行实时分析和智能化调控，力争实现机械制冷与自然冷源高效协同；在保障安全、可靠、稳定的基础上，确保实际能源资源利用水平不低于设计水平。

2. 有序推动节能与绿色化改造

有序推动数据中心开展节能与绿色化改造工程，特别是能源资源利用效率较低的在用老旧数据中心。加强在设备布局、制冷架构、外围护结构（密封、遮阳、保温等）、供配电方式、单机柜功率密度以及各系统的智能运行策略等方面的技术改造和优化升级。鼓励对改造工程进行绿色测评。力争通过改造使既有大型、超大型数据中心电能使用效率值不高于1.8。

3. 加强废旧电器电子产品处理

加快高耗能设备淘汰，指导数据中心科学制定老旧设备更新方案，建立规范化、可追溯的产品应用档案，并与产品生产企业、有相应资质的回收企业共同建立废旧电器电子产品回收体系。在满足可靠性要求的前提下，试点梯次利用动力电池作为数据中心削峰填谷的储能电池。推动产品生产、回收企业加快废旧电器电子产品资源化利用，推行产品源头控制、绿色生产，在产品全生命周期中最大限度提升资源利用效率。

（三）加快绿色技术产品创新推广

1. 加快绿色关键和共性技术产品研发创新

鼓励数据中心骨干企业、科研院所、行业组织等加强技术协同创新与合作，构建产学研用、上下游协同的绿色数据中心技术创新体系，推动形成绿色产业集群发展。重点加快能效水效提升、有毒有害物质使用控制、废弃设备及电池回收利用、信息化管控系统、仿真模拟热管理和可再生能源、分布式供能、微电网利用等领域新技术、新产品的研发与创新，研究制定相关技术产品标准规范。

2. 加快先进适用绿色技术产品推广应用

加快绿色数据中心先进适用技术产品推广应用，重点包括：一是高效IT设备，包括液冷服务器、高密度集成IT设备、高转换率电源模块、模块化机房等；二是高效制冷系统，包括热管背板、间接式蒸发冷却、行级空调、自动喷淋等；三是高效供配电系统，包括分布式供能、市电直供、高压直流供电、不间断供电系统ECO模式、模块化UPS等；四是高效辅助系统，包括分布式光伏、高效照明、储能电池管理、能效环境集成监控等。

（四）提升绿色支撑服务能力

1. 完善标准体系

充分发挥标准对绿色数据中心建设的支撑作用，促进绿色数据中心提标升级。建立健全覆盖设计、建设、运维、测评和技术产品等方面的绿色数据中心标准体系，加强标准宣贯，强化标准配套衔接。加强国际标准话语权，积极推动与国际标准的互信互认。以相关测评标准为基础，建立自我评价、社会评价和政府引导相结合的绿色数据中心评价机制，探索形成公开透明的评价结果发布渠道。

2. 培育第三方服务机构

加快培育具有公益性质的第三方服务机构，鼓励其创新绿色评价及服务模式，向数据中心提供咨询、检测、评价、审计等服务。鼓励数据中心自主利用第三方服务机构开展绿色评测，并依据评测结果开展有实效的绿色技术改造和运维优化。依托高等院校、科研院所、第三方服务等机构建立多元化绿色数据中心人才培训体系，强化对绿色数据中心人才的培养。

（五）探索与创新市场推动机制

鼓励数据中心和节能服务公司拓展合同能源管理，研究节能量交易机制，探索绿色数据中心融资租赁等金融服务模式。鼓励数据中心直接与可再生能源发电企业开展电力交易，购买可再生能源绿色电力证书。探索建立绿色数据中心技术创新和推广应用的激励机制和融资平台，完善多元化投融资体系。

三、保障措施

（一）加强组织领导。工业和信息化部、国家机关事务管理局、国家能源局建立协调机制，强化在政策、标准、行业管理等方面的沟通协作，加强对地方相关工作的指导。各地工业和信息化、机关事务、能源主管部门要充分认识绿色数据中心建设的重要意义，结合实际制定相关政策措施，充分发挥行业协会、产业联盟等机构的桥梁纽带作用，切实推动绿色数据中心建设。

（二）加强行业监管。在数据中心重点应用领域和地区，了解既有数据中心绿色发展水平，研究数据中心绿色发展现状。将重点用能数据中心纳入工业和通信业节能监察范围，督促开展节能与绿色化改造工程。推动建立数据中心节能降耗承诺、信息依法公示、社会监督和违规惩戒制度。遴选绿色数据中心优秀典型，定期发布《国家绿色数据中心名单》。充分发挥公共机构特别是党政机关在绿色数据中心建设的示范引领作用，率先在公共机构组织开展数据中心绿色测评、节能与绿色化改造等工作。

（三）加强政策支持。充分利用绿色制造、节能减排等现有资金渠道，发挥节能节水、环境保护专用设备所得税优惠政策和绿色信贷、首台（套）重大技术装备保险补偿机制支持各领域绿色数据中心创建工作。优先给予绿色数据中心直供电、大工业用电、多路市电引入等用电优惠和政策支持。加大政府采购政策支持力度，引导国家机关、企事业单位优先采购绿色数据中心所提供的机房租赁、云服务、大数据等方面服务。

（四）加强公共服务。整合行业现有资源，建立集政策宣传、技术交流推广、人才培训、数据分析诊断等服务于一体的国家绿色数据中心公共服务平台。加强专家库建设和管理，发挥专家在决策建议、理论指导、专业咨询等方面的积极作用。持续发布《绿色数据中心先进适用技术产品目录》，加快创新成果转化应用和产业化发展。鼓励相关企事业单位、行业组织积极开展技术产品交流推广活动，鼓励有条件的企业、高校、科研院所针对绿色数据中心关键和共性技术产品建立实验室或者工程中心。

（五）加强国际交流合作。充分利用现有国际合作交流机制和平台，加强在绿色数据中心技术产品、标准制定、人才培养等方面的交流与合作，举办专业培训、技术和政策研讨会、论坛等活动，打造一批具有国际竞争力的绿色数据中心，形成相关技术产品整体解决方案。结合"一带一路"倡议等国家重大战略，加快开拓国际市场，推动优势技术和服务走出去。

本书主要词汇中英对照

5th generation mobile networks，5G	第五代移动通信技术
application programming interface，API	应用程序接口
artificial intelligence，AI	人工智能
augmented reality，AR	增强现实
back propagation	反向传播算法
big data，BD	大数据
blockchain	区块链
business intelligence，BI	商业智能
Byzantine failures	拜占庭将军问题
classification	分类
cloud computing，CC	云计算
clustering	聚类
computer vision，CV	计算机视觉
consensus plugin	共识算法
consensus protocols	共识协议
consortium blockchain	联盟链
convolutional neural network，CNN	卷积神经网络
CTID	居民身份证网上功能凭证
cultural big data	文化大数据
data as a server，DaaS	数据即服务
data asset	数据资产
data cleaning	数据清洗
data island	数据孤岛
data lake	数据湖
data mart，DM	数据集市
data mining，DM	数据挖掘
data science，DS	数据科学

data stack	数据烟囱
data stream	数据流
data virtualization	数据虚拟化
data visualization	数据可视化
data warehouse，DW	数据仓库
decision support system，DSS	决策支持系统
decision tree，DT	决策树
deep learning，DL	深度学习
digital citizen	数字公民
digital city	数字城市
digital commerce	数字商务
digital government	数字政府
digital society	数字社会
digital trade	数字贸易
digitalization	数字化
distributed computation	分布式计算
drill down	向下钻取
edge computing，EC	边缘计算
electronic commerce，EC	电子商务
electronic government	电子政府
feature engineering	特征工程
generative adversarial network，GAN	生成对抗网络
grid computing	网格计算
hardware as a server，HaaS	硬件即服务
high performance computing，HPC	高性能计算
hyperledger	超级账本
industrial data space，IDS	工业数据空间
infrastructure as a server，IaaS	基础设施即服务
internet protocol version 4，IPv4	网际协议版本 4
internet protocol version 6，IPv6	网际协议第 6 版
knowledge graph，KG	知识图谱
logistic regression，LR	Logistic 回归
machine learning，ML	机器学习

Naive Bayes，NB	朴素贝叶斯
natural language processing，NLP	自然语言处理
neural networks，NN	神经网络
ocean big data	海洋大数据
on-demand computing	按需计算
online analytical process，OLAP	联机分析处理技术
online transaction processing，OLTP	联机事务处理系统
parallel computing	并行计算
pattern recognition，PR	模式识别
platform as a server，PaaS	平台即服务
private blockchain	私有链
public blockchain	公有链
radio frequency identification，RFID	无线射频识别技术
reinforcement learning，RL	强化学习
relational database	关系型数据库
roll up	向上钻取
semi-structured data	半结构化数据
semi-supervised learning，SSL	半监督学习
sharing economy	共享经济
smart city	智慧城市
smart contract	智能合约
smart ocean	智慧海洋
smart plane	智慧地球
smart transportation	智慧交通
software as a server，SaaS	软件即服务
spatiotemporal big data	时空大数据
speech recognition，SR	语音识别
statistical learning	统计学习
structured data	结构化数据
supervised learning	有监督学习
supply chain，SC	供应链
support vector machine，SVM	支持向量机
the internet of things，IOT	物联网

token economy	通证经济
unstructured data	非结构化数据
unsupervised learning	无监督学习
utility computing	效用计算
virtual government	虚拟政府
virtual reality, VR	虚拟现实

后　记

新中国成立至今，中国的建设经历了多么崎岖艰难的道路，在党的带领下中国人民用自己勤劳的双手，让我国的基础设施从城市到乡村都达到了空前的现代化程度。同时随着我国数字化发展逐步加深，以5G、大数据、区块链、物联网、人工智能为代表的"新基建"正如火如荼地推进。与传统基建相比，"新基建"更能体现数字经济特征，是数字经济的基础和标配。

"新基建"包含许多方面的内容，2020年4月国家发改委给出一个定义，新型基础设施主要包含三方面内容：信息基础设施、融合基础设施以及创新基础设施。这也深刻表明了大力推进"新基建"是为了促进数字经济的发展。2017年，"数字经济"首次被写入政府工作报告。2019年7月30日，中共中央政治局召开会议，提出"加快推进信息网络等新型基础设施建设"。但时至今日，我国各级政府部门的工作人员以及人民群众对"数字经济"和"大数据"的理解大多停留在字面意义，亟须理解这些新术语和新概念。

山东省大数据研究会的宗旨就是打造大数据领域产学研用交流合作的平台、协同创新的中心、人才培养的高地、排忧解难的智库、技术应用的孵化器，为政府决策服务、为新旧动能转换服务、为数字经济服务。作为研究会的创始会长，我感觉到编写这样一本科普书责无旁贷，希望通过这本书能够使公众对"数字经济"和"大数据"等新概念有较为深入的了解，理解其内涵和基础知识。

本书采用一问一答的写作方式，首先介绍了大数据、人工智能、5G、区块链等基础概念，然后依次介绍了数字政府、数字经济、数字社会以及大数据相关的技术。一问一答的方式，会把相关的内容以不同的提法体现出来，从而加深读者的理解与感悟。

本书得到了山东省科协科普图书出版项目资助，为"山东省科普系列丛书"之一，该丛书由山东省大数据研究会具体组织编写。本书在编写和出版中也得到了山东大学金融研究院及陈增敬教授主持的国家重点研发计划项目（2018YFA0703900）的大力支持和帮助。

本书的编写感谢山东省大数据研究会同仁的支持与协助，特别是研究会秘书长李敬和副秘书长李洪涛等同志付出了很多精力。同时要感谢经济科学出版社的领导和编辑们对本书写作及出版给予的大力支持和无私帮助！

还要感谢参与本书编写的学生：王伟、王伊诺、张鹏瑶、张慧娴、张冰妍、丁圣男、王娜、付睿、刘方铮、滕薇、孙得、王舒洋等。他们为本书搜集素材、编辑、校对等工作，做出了很大贡献。正是他们的帮助，才得以让本书顺利出版面世。

本书开始编写的时候才发现并不容易。"数字经济"和"大数据"其发展之快、涉及之广、技术之深，常让我在搜集资料、组织材料、结构布局的时候苦思冥想、难以取舍。因为这些新概念、新技术都在日新月异的发展中，也不见得完全成熟。选取哪些名词、哪些问题？解释到什么层次和深度？总是让我举棋不定，因此本书还存在着不足与需要加以改进的地方，衷心期望各位读者不吝赐教，多多批评指正！

石玉峰

2021 年 2 月